I0366116

www.ingramcontent.com/pod-product-compliance
Lightning Source LLC
Chambersburg PA
CBHW070153080526
44586CB00015B/1973
* 9 7 8 1 9 2 7 9 9 8 3 7 3 *

اَگر
تیرا بھائی
تیرا
گناہ کرے

﴿متی 18:15-18 کا جائزہ﴾

مصنف ۔ ریورنڈ۔ایف ۔ وین۔ میک لائیڈ

مترجم ۔مبشرِ انجیل، عمانوایل داؤد

Light To My Path Book Distribution . Canada

نام کتاب:۔ اُگر تیرا بھائی تیرا گناہ کرے

مصنف: ۔ ریورنڈ ایف وین میک لائیڈ

مترجم:۔ مبشرِ انجیل عمانوایل داؤد

کمپوزنگ۔ عمانوایل داؤد

پروف ریڈنگ:۔ مسز رضیہ مسکان

ایڈیٹنگ:۔ مس ویرونیکا

تعداد:۔ ایک ہزار

سن اشاعت:۔ مارچ2012

ہدیہ کتاب:۔ ایک سو روپیہ

مبشرِ انجیل عمانوایل داؤد 0092-300-4414069

Translated and Composed by

Servant of the Most High God

Emmanuel

Dewan.From Lahore,Pakistan

mathew_forjesus@yahoo.ca

جملہ حقوق بحق مصنف محفوظ ہیں

''اگر تیرا بھائی تیرا گناہ کرے''

چونکہ اِس کتاب کے تمام جُملہ حقوق بحق مصنف محفوظ ہیں، اِس لیے اِس کتاب کا کوئی بھی حصہ مصنف کی تحریری اجازت کے بغیر شائع نہ کیا جائے۔

پبلشر سے پہلے تحریری منظوری کے بغیر کسی سسٹم میں محفوظ کرنا یا کسی بھی مقصد کی خاطر کہیں منتقل کرنا یا کسی برقیاتی یا مشینی طریقہ سے اِس کی عکاسی کرنا سخت منع ہے۔ مگر قارئین کرام اور خادم الدین چھوٹا اقتباس کہیں تبصرہ یا جائزہ کے طور پر استعمال کر سکتے ہیں۔

فہرست مضامین

	صفحہ نمبر
پیش لفظ	5
باب 1۔ اگر تیرا بھائی تیرا گناہ کرے	11
باب 2۔ خلوت میں بات چیت کر کے اُسے سمجھا	24
باب 3۔ خلوت میں	38
باب 4۔ ایک یا دو گواہ	48
باب 5۔ کلیسیا سے کہہ	60
باب 6۔ اگر وہ کلیسیا کی سننے سے بھی انکار کرے	68
باب 7۔ اُسے غیر قوم اور محصول لینے والے کے برابر جان	79
باب 8۔ جب کوئی بھی حل نہ نکلے	93
یاد رکھنے کی باتیں	107

4

پیش لفظ

میں نے فون سنا تو دوسری طرف سے کوئی جانی پہچانی آواز سنائی دی۔ یہ اُس کلیسیا کی ایک رُکن تھی جس کی میں پاسبانی کر رہا تھا۔ اُس کی آواز قدرے مضطرب اور کسی پریشانی کی نشاندہی کر رہی تھی۔ اُس نے کہا، آپ کو فوراً آنے کی ضرورت ہے۔ میں نے پوچھا، کیوں خیریت تو ہے۔ اُس نے جواب دیا، میں آپ کو بعد میں بتاؤں گی۔

جو کچھ میں کر رہا تھا، اُسے وہیں پر چھوڑا اور میں فوراً اُس بہن کے گھر چلا گیا۔ یہ اُس کلیسیا میں پاسبان کے طور پر میرا آخری وزٹ تھا۔ میں اور میری اہلیہ ملک میں دو سال کے معاہدے کے تحت اپنی مقررہ مدت کی رخصت کے بعد واپس آ رہے تھے۔ چرچ کی خواتین میری بیوی کی اُن کے درمیان خدمت کو خراجِ تحسین پیش کرنے کے لئے ایک الوداعی پارٹی کا اہتمام کر رہی تھیں۔

جب میں پہنچا تو فون کرنے والی بہن کو سلام کیا۔ مجھے بیٹھنے کیلئے کہا گیا۔ میں نے پوچھا، کیا مسئلہ ہے۔ اُس نے کہا کہ ہم آپ کی بیوی کی خدمات کے اعزاز میں ایک الوداعی پارٹی کا انعقاد کر رہی ہیں۔ فلاں بہن نے مجھ سے پوچھے بغیر ہماری دوسری کلیسیا سے کچھ بہنوں کو اِس پروگرام میں مدعو کر لیا ہے۔ اُسے چاہئے تھا کہ پہلے مجھ سے مشورہ کر لیتی۔ لیکن اُس نے مجھ سے اِس تعلق سے کوئی بات نہیں کی۔ اور بغیر پوچھے بتائے اُن کو دعوت دے دی ہے۔ آپ ہماری کلیسیا کے پاسبان ہیں، میں چاہتی ہوں کہ آپ اُس بہن سے بات کریں اور اُسے بتائیں کہ اُسے کسی کو دعوت دینے سے پہلے مجھ سے صلاح

کرنی چاہئے تھی۔ اُس کے لہجے اور آواز و انداز میں خفگی کی جھلک نمایاں طور پر محسوس کی جاسکتی تھی۔

میں نے پوچھا، کیا آپ نے اپنے طور پر اُس سے بات چیت کی ہے؟ اُس نے کہا،"وہ میری بات کب سننے والی ہے۔" میں نے کہا،"جب تک آپ کوشش کر کے نہیں دیکھتیں، آپ کو کیسے معلوم ہے کہ وہ آپ کی بات نہیں سنے گی؟" اُس نے کہا کہ "اگر میں اُس کے گھر جاؤں تو شاید وہ مجھے اپنے گھر سے نکال دے۔" اُس نے کہا" ٹھیک ہے میں اُس سے فون پر بات کروں گی، بشرطیکہ آپ دوسری لائن پر ہماری بات چیت سننے کے لئے تیار ہوں۔"

تھوڑی دیر غور و فکر کرنے کے بعد، میں نے جواب دیا، خدا کا کلام ہمیں بتاتا ہے کہ اگر کسی کے ساتھ کوئی چپقلش یا کوئی مسئلہ ہو تو ہمیں اُس شخص کے پاس شخصی طور پر جانا چاہئے۔ اگر ہم اِس مسئلہ کو سلجھانا چاہتے ہیں تو ہمیں اِس مسئلہ کا حل خدا کے طریقہ سے ہی نکالنا چاہئے۔ میں نے اُس خاتون سے کہا کہ "اگر آپ اِس مسئلہ کو خدا کے طریقہ سے حل نہیں کریں گی تو میں کسی طور پر بھی کچھ نہیں کروں گا۔ آپ کو اپنے طور پر اُس سے بات چیت کرنی چاہئے۔"

اُس نے کہا، ٹھیک ہے۔ اور فون اُٹھا کر دوسرے کمرے میں چلی گئی۔ تھوڑی دیر کے بعد چہرے پر ایک مسکراہٹ لئے واپس آئی۔ خدا نے اُس سے کلام کیا ہے۔ (اُس نے اُس کا نام لیا) اُس کام کے متعلق جو اُس نے کیا تھا۔ اُس نے مجھ سے معذرت کر لی ہے۔

اور ہمارا مسئلہ حل ہوگیا ہے۔ ہم دونوں نے اکٹھے مل کر خدا کی پرستش و ستائش کی۔ اور اِس عجیب شادمانی اور برکت کے لئے خدا کے حضور شکر گزاری کی۔

اُس دن اُس کے گھر سے آنے کے بعد، میں یہ سوچتا رہا کہ اگر میں اُس عورت کی باتوں میں آ کر اُس کی سنتا اور اُس کے مشورے کے مطابق اُس مسئلے کو سلجھانے کے لئے قدم اٹھاتا تو نہ جانے کیا کیا مسائل پیدا ہوتے۔

ذرا غور کریں تو آپ کو معلوم ہوگا کہ آج بہت سی کلیسیاؤں میں بھی ایسے ہی مسئلے مسائل چل رہے ہیں جن کا نتیجہ تباہی اور بربادی ہے۔ بہت سی کلیسیائیں چھوٹے چھوٹے معاملات پر تقسیم ہو جاتی ہیں۔

اگر ہم اپنے خاندانوں میں بچوں کی وجہ سے مسائل و مشکلات کا شکار ہوتے ہیں تو پھر ہم کلیسیا میں بھی ایمانداروں کے درمیان مسائل سے بچ نہیں سکتے۔ جس طور سے کام کئے جاتے ہیں، ہم کبھی بھی اُس طریقہ کار سے متفق نہیں ہوتے۔ کئی دفعہ ہم غصے اور تکبر سے کام کرتے ہیں۔ مختلف لوگوں کی رائے اور شخصیات مختلف اور منفرد ہوتی ہیں۔ لوگوں کو ایک دوسرے سے دُکھ پہنچتا ہے اور کئی دفعہ وہ دوسروں کے طرزِ فکر اور طریقوں سے مطمئن نہیں ہوتے۔ کلامِ مقدس ایمانداروں کے درمیان پائے جانے والے اختلافات کی مثالوں سے بھرا ہوا ہے۔

خداوند خدا کو معلوم تھا کہ ایسے مسائل سر اٹھائیں گے، اِس لئے اُس نے اپنے کلام میں اُن مسائل کو سلجھانے کیلئے کچھ طریقہ کار بھی فراہم کئے۔

ہمارے لئے یہ بات دلچسپی کی حامل ہے کہ متی 18:15-17 میں خداوند یسوع مسیح پیدا ہونے والے مسئلہ کو سلجھانے کا طریقہ کار بتاتے ہیں۔

متی 18 باب ہمیں اپنے تعلقات کے درمیان پیدا ہونے والی کشیدگیوں کو خود کو سلجھانے کا چیلنج دیتا ہے۔ یہ گرے ہوؤں کی بحالی کے لئے ایک محفوظ رطریقہ مشکل اور پچیدہ اوقات میں کمزور بھائیوں اور بہنوں کی حوصلہ افزائی کرتا ہے۔

ہمارے لئے افسوس کا مقام ہے کہ ہم نے خدا کے کلام کے اِس حصہ کو نظر انداز کر دیا ہے۔ اگلے چند ابواب میں ہم خداوند یسوع مسیح کی اِس تعلیم کا جائزہ لیتے ہوئے دورِ جدید میں کلیسیائی تعلقات پر اِس کے اطلاق کو دیکھیں گے۔ میری دُعا ہے کہ خدا اِس کتاب کے ذریعہ اپنے لوگوں کی آنے والی مشکلات کو سلجھانے میں مدد کرے۔ اِس کتاب کے وسیلہ مسیح کے بدن میں بہتوں کے تعلقات میں بحالی لانے کے لئے میری اِس چھوٹی سی کاوش سے خداوند کو جلال ملے۔

Rev F. Wayne. Mac Leod

Profound Thanks

On Behalf of Pakistani Churches

I must say

bundle of thanks to "Light To My Path Book Distribution, Canada"

For the Copy Rights and financial support to translate and print "IF YOUR BROTHER SINS"

This book gives a wonderful teaching to restore broken relationships in churches as it is full of divine Correction, Protection and Direction for fallen, weak and separated ones.

I must say thanks to all my brothers, sisters and friends who are supporting this Literature ministry with their prayers and donations.

I pray, May the Lord give all of them abundance of physical, spiritual and material blessings from heaven good health and long life.

This book will have a great impact on the church

leaders, giving them boldness to do something practically for their weak brothers and sisters.

God bless you and thank you my beloved brother, F. Wayne. Mac Leod for your trust, confidence and passion for Pakistan.

Stay blessed and Continue for His glory!

Translator & Publisher
_____

Emmanuel

Evangelist, Christian Book Translator , Publisher and Bible Study Facilitator

from Pakistan.

باب 1
اگر تیرا بھائی تیرا گناہ کرے

‏''اگر تیرا بھائی تیرا گناہ کرے۔'' ﴿متی 18:15﴾

پس ہم متی 18:15-18 کے اِس مطالعہ کا آغاز کرتے ہیں۔ قابلِ غور بات یہ ہے کہ خداوند یسوع مسیح یہاں پر ایک بھائی کے تعلق سے بات کر رہے ہیں۔ کلام کا یہ حصہ ایمانداروں کے لئے ہے۔ یہاں پر یہ بات سمجھ میں آتی ہے کہ مسیح کے بدن میں ایمانداروں کے درمیان مسائل، مشکلات اور اختلافات جنم لے سکتے ہیں۔ ہمیں اِس بات پر تعجب نہیں کرنا چاہئے کیوں کہ شروع وقت ہی سے خدا کے خاندان میں بہن بھائیوں کے درمیان اختلافات اور مسائل سر اٹھاتے رہے ہیں۔ ہم پیدائش کی کتاب میں دیکھتے ہیں کہ کس طرح قائن کی زندگی میں قہر و غضب اور حسد کی آگ بھڑکنے لگی، یہاں تک کہ اُس نے اپنے بھائی ہابل کو قتل کر دیا۔ پیدائش 4 باب کا مطالعہ کریں۔

اور پھر یوں ایمان کے رشتہ سے بننے والے بھائیوں اور بہنوں میں تفرقات، شکستہ تعلقات اور کشیدگیوں کا سلسلہ شروع ہوا اور، قائن کے دل میں حسد و قہر کی بھڑکنے والی آگ کے شعلے آج بھی ایمانداروں کے درمیان دکھائی دیتے ہیں۔ دورِ جدید میں مسیح کی کلیسیا کو غور سے دیکھیں۔ مختلف تنظیموں کا شمار کریں اور اُن تنظیموں کی تاریخ کو

دیکھیں۔کلیسیائی تاریخ اندرونی کشمکش اور اختلافات اور کشیدگیوں سے بھری ہوئی ہے۔ تعلیمی اختلافات، شخصی ترجیحات اور روایات کے سبب سے جنم لینے والے اختلافات بے شمار ہیں۔

جن سے ایماندار تقسیم کا شکار ہو گئے ہیں۔آج ایمان دار خطرناک حد تک حسد، کشیدگیوں اور اختلافات کی آگ میں جل رہے ہیں، افسوس کی بات یہ ہے کہ اِس کا سبب دشمن ابلیس نہیں بلکہ خود ایمان دار بھائی اور بہن ہیں جو خدا کے کلام کو عملی طور پر نہیں اپناتے، وہی اِس ناگفتہ بہ صورتحال کے ذمہ دار ہیں۔

خداوند یسوع مسیح کو بھی اُس کے اپنے ہی ایک شاگرد نے پکڑوایا تھا۔

عہدِ جدید اور عہدِ عتیق دونوں ہی ایمانداروں کے درمیان کشیدگیوں اور اختلافات کی مثالوں سے بھرے ہوئے ہیں۔کلامِ مقدس کے مذکورہ حصہ کی حوصلہ افزا بات یہ ہے کہ خداوند یسوع مسیح نے کلیسیا میں موجود مشکلات کا حل پیش کر دیا ہے۔ چونکہ خداوند یسوع مسیح انسانی فطرت اور ناگزیر طور پر پیدا ہونے والے اختلافات اور کشیدگیوں سے آگاہ اور باخبر تھے۔ اِس لئے اُنہوں نے ہمیں بتایا ہے کہ

''اگر تیرا بھائی تیرا گناہ کرے'' تو، مذکورہ حوالہ میں حل پیش کیا گیا ہے کہ ہمیں کیا کرنا ہے۔خداوند نے ہمیں ایسی مشکلات کا سامنا کرنے کے لئے تن تنہا نہیں چھوڑا۔خداوند کو معلوم تھا کہ یہ سب کچھ ہوگا اِس لئے اُس نے ہمیں معاملات کو سلجھانے کے لئے اپنے کلام میں رہنمائی بخشی ہے۔ اِس مسئلہ کی وسعت پر غور کرتے ہوئے، دورِ جدید میں کلام

کا یہ حصہ ہمارے لئے انتہائی اہمیت کا حامل ہے۔ہم میں سے بہت ہی کم تعداد میں ایسے لوگ ہوں گے جو کسی ایماندار کے ساتھ کسی طرح کی چپقلش اور اختلافات کے بغیر اِس دنیا سے رخصت ہونگے ۔یہی وجہ ہے کہ متی 18:15-17 ہمارے لئے بہت اہم ہے۔ہمیں اپنے دورِ حیات میں کئی دفعہ اِس سے رہنمائی لینا پڑتی ہے۔

اِس بات پر غور کریں کہ اِس آیت میں خداوند یسوع مسیح گناہ کے متعلق بات کرتے ہیں۔لفظ گناہ اہم ہے اور ہمیں بڑی اہم بات بتاتا ہے۔آج کے دور میں بہت سے معاملات و مسائل ایمانداروں کے درمیان حائل ہو سکتے ہیں۔شخصی ترجیحات کلیسیا میں تقسیم و نفاق پیدا کر سکتی ہیں۔

ممکن ہے کہ کلیسیا میں کسی شخص کو سنجیدہ قسم کی بڑے انہماک اور غور و فکر پر مبنی پرستش پسند ہو جبکہ کسی دوسرے شخص کو بہت زیادہ سازوں اور اُچھل کود کے ساتھ پرستش کرنا اچھا لگتا ہو۔خدا کے لوگ، کلامِ مقدس کی تفسیر و تشریح بھی مختلف طریقوں سے کرتے ہیں۔مثال کے طور پر، اخیر زمانہ کے تعلق سے مختلف نظریات و خیالات پر غور کریں۔ایسے نظریات بھی حقیقی ایمانداروں میں علیحدگی اور جدائی کا سبب بن سکتے ہیں۔مختلف چیزوں پر عمل کا مسئلہ بھی تقسیم اور علیحدگی کا محرک ہوسکتا ہے۔مخلص ایمانداروں میں بھی یہ مسئلہ بڑی بحث و تکرار کا سبب رہا ہے کہ ایک مسیحی ایماندار کیا کچھ کھا پی اور کیا کچھ کر سکتا ہے۔درج ذیل نصیحت پر غور کریں۔

"کوئی تو ایک دن کو دوسرے سے افضل جانتا ہے اور کوئی سب دنوں کو برابر جانتا ہے۔

ہر ایک اپنے دل میں پورا اعتقاد رکھے۔ جو کسی دن کو مانتا ہے وہ خداوند کے لئے مانتا ہے۔ اور جو کھاتا ہے وہ خداوند کے واسطے کھاتا۔ کیوں کہ وہ خداوند کا شکر کرتا ہے۔ اور جو نہیں کھاتا وہ بھی خداوند کے واسطے نہیں کھاتا۔ اور خدا کا شکر کرتا ہے۔ کیوں کہ ہم میں سے نہ کوئی اپنے واسطے جیتا ہے نہ کوئی اپنے واسطے مرتا ہے۔ اگر ہم جیتے ہیں تو خداوند کے واسطے جیتے ہیں اور اگر مرتے ہیں تو خداوند کے واسطے مرتے ہیں۔

''پس ہم جئیں یا مریں خداوند ہی کے ہیں۔ پس ہم میں سے ہر ایک خداوند کو اپنا حساب دے گا۔ پس آیندہ کو ہم ایک دوسرے پر الزام نہ لگائیں بلکہ یہی ٹھان لو کہ کوئی اپنے بھائی کے سامنے وہ چیز نہ رکھے جو اُس کے ٹھوکر کھانے یا گرنے کا باعث ہو۔'' ﴿رومیوں 5-13,12.8﴾

خدا پر ایمان رکھنے والوں کے درمیان ہمیشہ ہی اختلاف رائے موجود رہے گا۔ ہمیں ہمیشہ ہی کلیسیا میں مختلف چیزوں، مختلف آرا، مختلف قسم کے طرزِ فکر کے لوگ دیکھنے کے لئے ذہنی طور پر تیار رہنا چاہئے۔ ہم مختلف طرح سے خداوند کی پرستش کریں گے۔ ہم مختلف طریقوں سے اپنے ایمان کا اظہار کریں گے۔ ایسے اختلافات رکھنا کوئی جرم یا گناہ نہیں ہے۔ مقدس پولس رسول ہمیں اِن اختلافات کی موجودگی میں زندگی بسر کرنے اور اُنہیں معمول کے مطابق قبول کرنے کے لئے اُبھارتا ہے۔

متی 17-15:18 کا حوالہ ایمانداروں کے درمیان شخصی ترجیحات یا تفاسیر کے بارے میں نہیں ہے۔ جب خداوند یسوع مسیح یہ کہتے ہیں ''کہ اگر تیرا بھائی تیرا گناہ کرے''، تو

وہ اُس بھائی یا بہن کے تعلق سے بات کر رہے ہیں جس نے کلامِ مقدس کی تعلیم واضح تعلیم کی نافرمانی کی ہے۔اور ایسا طرزِ زندگی اپنائے ہوئے ہے جو کسی طور پر بھی خدا کی خوشنودی کا باعث نہیں ہے۔اگر مذکورہ حوالہ میں ہمیں یسوع کی تعلیم کی پیروی کرنا ہے تو ہمیں سب سے پہلے گناہ اور شخصی ترجیحات میں فرق کو سمجھنا ہوگا۔گناہ کلامِ مقدس میں واضح حکم یا تعلیم کی نافرمانی کا نام ہے۔

یہ نافرمانی غیر ارادی یا پھر ارادی بھی ہوسکتی ہے۔آپ کو گناہ کرنے کے لئے بری نیت سے کچھ کرنے کی ضرورت نہیں ہے۔آپ کو مجرم ٹھہرنے کے لئے یہ جاننے کی بھی ضرورت نہیں ہے کہ آپ نے گناہ کیا ہے۔گنتی کی کتاب میں غیر ارادی طور پر ہونے والے گناہ کی قربانی کے بارے میں دیکھیں۔

''اور اگر تم سے بھول ہو جائے اور تم نے اُن سب حکموں پر جو خداوند نے موسیٰ کو دیئے عمل نہ کیا ہو۔یعنی جس دن سے خداوند نے حکم دینا شروع کیا۔اُس دن سے لے کر آگے آگے جو کچھ خداوند نے نسل در نسل موسیٰ کی معرفت تم کو دیا ہے۔

اُس میں اگر سہواً کوئی خطا ہوگئی ہو اور جماعت اُس سے واقف نہ ہو تو ساری جماعت ایک بچھڑا سوختنی قربانی کیلئے گزرانے تا کہ وہ خداوند کے حضور راحت انگیز خوشبو ہو اور اُس کے ساتھ شرع کے مطابق اُس کی نذر کی قربانی اور اُس کا تپاون بھی چڑھائے۔اور خطا کی قربانی کے لئے ایک بکرا گزرانے۔'' ﴿گنتی 15:22-24﴾

اِسی طرح حزقی ایل کی کتاب بھی انجانے میں ہونے والے گناہوں کی قربانیوں کے

بارے میں بتاتی ہے۔

''خداوند یوں فرماتا ہے کہ پہلے مہینے کی پہلی تاریخ کو تو ایک بے عیب بچھڑا لینا اور مقدس کو پاک کرنا۔ اور کاہن خطا کی قربانی کے بچھڑے کا لہو لے گا اور اُس میں سے کچھ مسکن کے ستونوں پر اور مذبح کی کرسی کے چاروں کونوں پر اور اندرونی صحن کے دروازہ کی چوکھٹوں پر لگائے گا۔ اور تو مہینے کی ساتویں تاریخ کو ہر ایک کے لئے جو خطا کرے اور اُس کے لئے بھی جو نادان ہے ایسا ہی کرے گا۔ اِسی طرح تم مسکن کا کفارہ دیا کرو گے۔'' ﴿حزقی ایل45:18-20﴾

خدا کے واضح طور پر دیئے جانے والے احکامات کی نافرمانی خواہ یہ ارادی ہو یا غیر ارادی شخصی ترجیحات اور کلام کی تفسیر وتشریح سے قطعی مختلف ہوتی ہے۔

میں کچھ عرصہ پہلے ہندوستان میں ایک چرچ میں کلام سنانے سے کے لئے گیا تو سٹیج پر جانے سے پہلے مجھے جوتے اتارنے کے لئے کہا گیا۔ یہاں پر ایماندار خروج 5:3 میں مندرج کلام پر مبنی طریقہ کار اپنائے ہوئے تھے۔ جہاں پر خدا نے موسیٰ کو اُس وقت جوتے اتارنے کے لئے کہا، جب وہ جلتی ہوئی جھاڑی کے سامنے کھڑا ہوا تھا۔ اُس وقت سے میں نے کئی دفعہ ایسا ہی کیا تا کہ میں اپنے آپ کو اُس کام کی سنجیدگی سے آگاہ رکھ سکوں جو خدا نے مجھے کرنے کے لئے بلایا ہے۔ جوتے اتارنا اچھی بات ہے۔ لیکن یاد رکھیں کہ جوتے پہن کر کلام سنانا بھی گناہ نہیں ہے۔

خداوند یسوع مسیح کو اکثر گناہ گاروں سے منسلک کیا جاتا تھا۔ اکثر اُسے محصول لینے والو

ں اور گناہ گاروں کا دوست کہا گیا۔﴿متی 19:11﴾
دوسری طرف مقدس پولس رسول اپنے قارئین کو غیر ایمانداروں سے نکل آنے اور اُن سے الگ ہونے کے تعلق سے خداوند کی تعلیم یاد دلاتے ہیں۔
''اِس واسطے خداوند فرماتا ہے کہ اُن میں سے نکل کر الگ رہو اور ناپاک چیز کو نہ چھوؤ تو میں تم کو قبول کر لوں گا۔ اور تمہارا باپ ہوں گا اور تم میرے بیٹے بیٹیاں ہوں گے۔''﴿2 کرنتھیوں 17:6﴾
ہمیں خداوند کی تعلیم اور مثال سے کیا سمجھنا چاہیۓ؟ کیا ہمیں غیر ایمانداروں سے میل ملاپ رکھنا چاہیۓ یا نہیں؟ کچھ ایسی صورتحال اور مواقع ہو سکتے ہیں جب ہمیں غیر ایمانداروں کے ساتھ دوستانہ تعلقات قائم رکھنا ہونگے۔ جبکہ کچھ ایسے مواقع اور کوئی ایسی صورتحال ہوسکتی ہے جب ہمیں اُن سے الگ ہونے کی ضرورت ہوگی۔ یہاں پر خاطرہ خواہ وضاحت نہیں پائی جاتی، اِس لئے ہر ایک ایماندار اِس بات کی تشریح و تفسیر مختلف طرح سے کریگا۔
کچھ عرصہ میں اور میری بیوی نے ایک ایسی کلیسیا میں عبادت کی جہاں عبادت کے تین مختلف طریقہ کار موجود تھے۔ صبح نو بجے ہونے والی عبادت میں روایتی طرزِ عبادت اختیار کرتے ہوئے، بڑے روایتی قسم کے پرانے گیت گائے جاتے۔ دس بجے ہونے والی عبادت میں دورِ حاضرہ کے مطابق عبادت کی جاتی جس میں گانے والی ایک ٹیم ہوتی تھی جو آج کل گائے جانے والے گیتوں کو ترجیحی بنیادوں پر گاتی تھی۔ جبکہ 11 بجے

ہونے والی عبادت بہت زیادہ پرجوش، تیز میوزک اور اُچھل کود کے ساتھ ہوتی تھی۔بطور ایماندار ہم سب کی اپنی اپنی ترجیحات ہوتی ہیں۔خدا نے ہمیں مسیح کے بدن میں ایک دوسرے کے ساتھ صبر و تحمل کے ساتھ پیش آنے کے لئے بلایا ہے۔ہم سب کا مختلف چیزوں کو دیکھنے کا انداز مختلف ہوتا ہے۔کسی معاملہ پر کسی بھائی یا بہن سے بات چیت کرنے سے پہلے، ہمیں اِس بات کو سمجھنا چاہیئے کہ جو کچھ وہ کر رہے ہیں آیا وہ گناہ ہے یا پھر شخصی ترجیح۔

اِس سلسلہ میں ہمیں ایک اور معاملہ پر بھی غور و فکر کی ضرورت ہے۔ہمیں اپنے بھائی کے حالات اور دل کے روّیہ کا بھی جائزہ لینا ہوگا۔ میں اِس بات کو وضاحت سے بیان کرنا چاہوں گا۔

داؤد اور اُس کے نوجوان ساؤل سے جان بچا کر بھاگے چلے آرہے تھے۔اُنہیں بھوک بھی لگی ہوئی تھی اور پیاس بھی۔ اُنہیں تازہ دم ہونے کی ضرورت تھی۔داؤد نے کاہن سے کہا کہ وہ اُسے اور اُسکے ساتھیوں کو روٹی دے۔ وہاں صرف نذر کی روٹیاں موجود تھیں۔جو موسیٰ کی شریعت کے مطابق صرف اور صرف کاہن کو کھانا روا تھیں۔داؤد اور اُس کے ساتھیوں پر ترس کھا کر کاہن نے اُنہیں روٹیاں دے دیں۔

کاہن کے لئے بہت آسان تھا کہ وہ یہ کہہ کر داؤد کی درخواست کو مسترد کر دیتا کہ وہ موسیٰ کی شریعت کی حکم عدولی نہیں کرسکتا۔یہاں یہ بات دلچسپی کی حامل ہے کہ خداوند یسوع مسیح نے کاہن کے اِس کام کو سراہا جس نے ترس کھا کر داؤد اور اُس کے ساتھیوں کو

ضرورت کے وقت روٹیاں پیش کیں۔ ﴿دیکھیں متی 12:1-5﴾

اگرچہ کاہن کا یہ کام فی الواقع موسیٰ کی شریعت کے خلاف تھا تو بھی خدا نے کاہن کے اِس کام کو پسند کیا۔ عہدِ عتیق میں سبت کی شریعت پر بڑی سختی سے کار بند ہوا جاتا تھا۔ تاہم خداوند یسوع مسیح نے اِس شریعت کے تعلق سے فریسیوں کو اپنا موقف پیش کیا جو اِس قانون سے قطعی مطابقت نہیں رکھتا۔ خداوند یسوع مسیح نے ہمیں سکھایا کہ ترس، نیکی اور انصاف کی شریعت ضابطہ پسندانہ انداز سے زیادہ اہمیت رکھتی ہے۔ سبت کے دن ایک شخص کو شفا دینے کے موضوع پر فریسیوں سے بات چیت کرتے ہوئے خداوند یسوع مسیح نے کہا،

''تم میں ایسا کون ہے جس کی ایک ہی بھیڑ ہو اور وہ سبت کے دن گڑھے میں گر جائے تو وہ اُسے پکڑ کر نہ نکالے؟ پس آدمی کی قدر تو بھیڑ سے بہت ہی زیادہ ہے۔ اِس لئے سبت کے دن نیکی کرنا روا ہے۔'' ﴿متی 12:11-12﴾

اگر آپ کسی کو کسی دُکھ اور مصیبت سے چھڑانے کی استعداد اور قوت رکھتے ہوں، اور پھر بھی اُسے سبت کے دن اُس کی رہائی اور بحالی کے لئے ہاتھ نہ بڑھائیں تو کیا یہ گناہ نہیں سمجھا جائے گا؟ اگر آپ گڑھے میں گری ہوئی ایک بھیڑ کو بچانے کی صلاحیت رکھتے ہوئے بھی اُسے سبت کے دن نہیں بچاتے تو کیا یہ جرم نہیں ہوگا؟ ہمیں کسی بھائی یا بہن پر الزام لگانے سے پیشتر اُس کی نیت اور اُس کے محرک او ر ارادے کا جائزہ لینا چاہیے۔ میں اکثر یہ مثال پیش کرتا ہوں

تصور کریں کہ آپ کا کوئی دوست ہو جو بہت شدید زخمی ہوا ہو۔ یہ جانتے ہوئے کہ اگر اُسے جلدی سے ڈاکٹر کے پاس لے کر نہ گئے، تو وہ مر جائے گا۔ آپ اُسے اپنی کار میں ڈال کر جلدی سے ہسپتال لے جاتے ہیں۔ گاڑی چلاتے ہوئے آپ اپنے سامنے حد رفتار کا بورڈ دیکھتے ہیں۔ اگر آپ حد رفتار کی تابعداری کرتے ہیں تو آپ کبھی بھی اپنے دوست کو وقت پر ڈاکٹر کے پاس نہیں لے جا سکتے۔ آپ کیا کریں گے؟

آپ کے پاس بھی دو میں سے ایک چناؤ ہو گا۔ آپ بھی اُن فریسیوں کی طرح ہو سکتے ہیں کہ اپنے دوست کو کار کی پچھلی نشست پر مرنے دیں اور خود اِس سچائی سے لطف اندوز ہو کر آرام سے بیٹھے رہیں کہ آپ نے قانون کی پاسداری کی ہے۔ دوسرا چناؤ یہ ہے کہ آپ اپنے دوست پر رحم کریں اور اُس کی جان بچانے کی خاطر حد رفتار کے قانون کو توڑ دیں۔ خداوند یسوع مسیح ہمیں سکھا رہے ہیں کہ روح کا نیا طور طریقہ رحم اور ترس پر مبنی ہے۔

کیا آپ ایسے شخص پر الزام لگائیں گے کہ اُس نے اُس اعلیٰ حکومت کی تابعداری نہیں کی جس کو خداوند نے ہم پر مقرر کیا ہے۔ کیا ایسے شخص کو چرچ کی انتظامیہ ملکی قوانین توڑنے کی پاداش میں مجرم ٹھہرا سکتی ہے؟ ہرگز ایسا نہیں ہو سکتا۔ جب آپ ایسے شخص کے محرکات اور نیت کو سمجھتے ہیں جو اُس کام کے پیچھے کارفرما ہیں تو پھر آپ کو سڑک پر ایک تیز رفتار اور لاپرواہ ڈرائیور نظر نہیں آئے گا بلکہ آپ کو ایک ایسا مخلص شخص نظر آئے گا جو اپنی جان کو خطرے میں ڈال کر اپنے دوست کی جان بچانے کی کوشش میں اُسے بروقت

ہسپتال پہنچانے کیلئے حد رفتار سے زیادہ تیز گاڑی چلاتا ہوا جارہا ہے۔ یقیناً ایسے شخص کا تیز رفتاری سے گاڑی چلانا، پاک اور مقدس خدا کے حضور جرم نہیں سمجھا جائے اور خدا اُس پر گناہ کا الزام نہیں لگائے گا۔

مجھے کئی دفعہ ایسے واقعات اور صورتحال کا سامنا کرنا پڑا جہاں لوگوں نے دوسروں کے محرکات اور نیت کو سمجھے اور جانے بغیر اُن پر الزام تراشی کی بوچھاڑ کردی۔ اگر الزام لگانے والے تھوڑا وقت نکال کر متعلقہ شخص کی نیت اور محرک کو جان لیتے تو نوبت یہاں تک نہ پہنچتی۔

متی 18:15 اُس ہم ایمان بھائی کی بات کرتا ہے جو خدا کے کلام کی خلاف ورزی اور نافرمانی میں زندگی بسر کررہا ہے۔ اِس بات کا تعلق ایمانداروں کے درمیان اختلاف رائے اور نہ ہی اِس کا تعلق کسی بھائی کے دل کی نیت اور محرکات جانے بغیر شریعت کے اطلاق سے ہے۔

اگر ہم نے درست طور پر مسیح یسوع کی اِس تعلیم کا اطلاق اپنی زندگیوں میں کرنا ہے تو پھر ہمیں پہلے اِس بات کا تعین کرنا ہوگا کہ ہمارے بھائی یا بہن کا کوئی کام واقعی خدا کی نافرمانی، یا شخصی ترجیح اور موجودہ صورتحال کے مطابق ردِعمل ہے۔

(زخمی دوست کو ہسپتال لے جاتے ہوئے تیز رفتاری سے گاڑی چلانے کی مثال)

چند غور طلب باتیں

☆۔ کیا یہ بات حقیقت پسندی پر مبنی ہے کہ اِس گناہ بھری دُنیا میں ہمارا کسی بھی بھائی یا بہن سے کوئی اختلاف نہیں ہوگا؟

☆۔ کیا آپ کو کلیسیا میں کسی غلط فہمی اور دل آزاری کے معاملہ کو نپٹانے کا موقع ملا ہے؟

☆۔ گناہ اور ترجیحات میں کیا فرق ہے؟ وضاحت سے بیان کریں۔

☆۔ آپ نے اپنی کلیسیا میں تعلیمی طور پر کسی چیز کی تفسیر و تشریح اور ترجیحات کی بنا پر سر اُٹھانے والے جن معاملات کو نپٹایا ہے اُن کی چند ایک مثالیں پیش کریں۔

☆۔ اپنے بھائی یا بہن پر الزام تراشی کرنے سے پہلے اُس کے دل کے محرک، نیت اور مقصد اور در پیش صورتحال کو سمجھنا کس قدر اہم ہے؟

چند دُعائیہ نکات

☆۔خداوند کا شکر کریں کہ اُس نے ناگزیر طور پر مسیح میں بھائیوں اور بہنوں کے درمیان جنم لینے والے مسائل کا حل پیش کیا ہے۔

☆۔خداوند سے درخواست کریں کہ وہ آپ کو یہ فضل اور توفیق بخشے کہ آپ مخلص ایمانداروں کے درمیان پائے جانے والے شخصی ترجیحات اور کلامِ مقدس کی تشریح کے حوالہ سے پانے جانے والے اختلافات کو بخوشی قبول کریں۔

☆۔دُعا میں جھکتے ہوئے خداوند سے معافی مانگیں کہ آپ گزرے وقت میں اختلاف رائے رکھنے والے بھائیوں اور بہنوں سے صبر وتحمل سے پیش نہ آسکے۔

☆۔خداوند سے توفیق مانگیں کہ آپ کسی بھی بھائی یا بہن کے دل کی نیت اور ارادہ کو جانچے پرکھے بغیر اُس پر الزم تراشی نہیں کریں گے۔

باب2

خلوت میں بات چیت..... اُسے سمجھا

''اگر تیرا بھائی تیرا گناہ کرے تو جا اور خلوت میں بات چیت کرکے اُسے سمجھا۔''

متی 15:18

مذکورہ حوالہ میں خداوند یسوع مسیح نے ہمیں بتایا ہے کہ اگر ہمارا ہم ایمان بھائی یا بہن کوئی گناہ کرے تو ہمیں کیا کرنا چاہیئے۔ جب ہم اِس آیت کا جائزہ لینا جاری رکھتے ہیں، تو ہم دیکھتے ہیں کہ خداوند یسوع اس گناہ کی بات کرتے ہیں جو آپ کے خلاف شخصی طور پر کیا جائے۔ اِس حوالہ میں اُس گناہ کی بات نہیں کی جا رہی جو دوسروں کے خلاف کیا جائے۔ لیکن اِس کا ہرگز یہ مطلب نہیں کہ ہم دوسروں کے خلاف ہونے والی ناانصافی اور جرم وتشدد اور غلط روّیوں کے تعلق سے بے حس ہو جائیں۔

بہت سے ایسے حوالہ جات اور آیات ہیں جو اِس معاملہ پر بات کرتی ہیں۔ اِس آیت میں خداوند یسوع ہمارے خلاف شخصی طور پر ہونے والے گناہ کے بارے میں بات کر رہے ہیں۔

جب ہمارے خلاف کوئی شخص گناہ کرتا ہے تو دو طرح کی آزمائشیں آتی ہیں۔ پہلی آزمائش یہ ہوتی ہے کہ ہم معاملہ اپنے ہاتھ میں لے کر انتقام لینے کیلئے تیار ہو جائیں۔ یہ ایسی آزمائش تھی کہ کلامِ مقدس میں ایسے شخص کی محافظت کا انتظام کیا گیا جو غیر ارادی طور پر کسی دوسرے کے خلاف کوئی جرم یا خطا کر بیٹھے۔

گنتی کی کتاب میں خدا نے اپنے لوگوں کو حکم دیا کہ وہ ایسے شخص کے لئے شہر پناہ فراہم کریں جو اتفاقی طور پر اپنے بھائی یا بہن کو قتل کر دے۔ تا کہ وہ انتقام لینے والے خاندان سے محفوظ رہ سکے۔

''بنی اسرائیل سے کہہ دے کہ جب تم یردن کو عبور کر کے ملکِ کنعان میں پہنچ جاؤ۔ تو تم کوئی ایسے شہر مقرر کرنا جو تمہارے لئے پناہ کے شہر ہوں تا کہ وہ خونی جس سے سہواً خون ہو جائے وہاں بھاگ جا سکے۔ اُن شہروں میں تم کو انتقام لینے والے سے پناہ ملے گی تا کہ خونی جب تک وہ فیصلہ کے لئے جماعت کے آگے حاضر نہ ہو تب تک مارا نہ جائے۔ اور پناہ کے جو شہر تم دو گے وہ چھ ہوں۔ تین شہر تو یردن کے پار اور تین ملک کنعان میں دینا۔ یہ پناہ کے شہر ہونگے۔'' ﴿گنتی 35:10-14﴾

مقدس پولس رسول رومیوں کے خط میں معاملہ اپنے ہاتھ میں لینے کے تعلق سے خبر دار کرتے ہیں

''اَے عزیزو! اپنا انتقام نہ لو بلکہ غضب کو موقع دو۔ کیوں کہ یہ لکھا ہے کہ خداوند فرماتا ہے۔ انتقام لینا میرا کام ہے۔'' ﴿رومیوں 12:19﴾

درج بالا آیات سے بالکل واضح ہے کہ کسی بھی مسیحی کو اپنے خلاف ہونے والے جرم کا بدلہ لینے کی قطعا کوئی اجازت اور حق نہیں ہے۔ ہمیں دوسروں کا مقابلہ کرنے اور انتقام لینے کی ہر ایک آزمائش کا مقابلہ کرنا چاہیئے۔ جب کوئی بھائی یا بہن آپ کے خلاف کوئی گناہ کرتا ہے تو دوسری آزمائش کچھ نہ کہنا ہے۔ خداوند یسوع مسیح نے از خود

سکھایا کہ ہمیں دوسرا گال بھی مارنے والے کی طرف کر دینا چاہیئے۔

''تم سن چکے ہو کہ کہا گیا تھا کہ آنکھ کے بدلے آنکھ اور دانت کے بدلے دانت۔لیکن میں تم سے یہ سچ کہتا ہوں کہ شریر کا مقابلہ نہ کرنا بلکہ جو کوئی تیرے دہنے گال پر طمانچہ مارے، دوسرا بھی اُس کی طرف پھیر دے۔اور اگر کوئی تجھ پر نالش کر کے تیرا کرتا لینا چاہے تو چوغہ بھی اُسے لے لینے دے۔'' ﴿متی 5:38-40﴾

مندرجِ بالا حوالہ سے یہ بات آسانی سے سمجھی جا سکتی ہے کہ خداوند یہ چاہتا ہے کہ ہم اُس وقت کچھ بھی نہ کریں جب کوئی شخص ہمارے خلاف کوئی جرم کرے یا ہمارا قصوروار ہوا ہو۔'' ﴿متی 4 باب اور متی 18 باب میں ایک نمایاں فرق ہے۔﴾

بظاہر یوں لگتا ہے کہ یہ بات قطعی طور پر اِس بات سے تضاد رکھتی ہے جو کچھ خداوند نے متی 18 باب میں اُس وقت کرنے کو کہا ہے جب ہمارا بھائی ہمارا قصوروار ہو، خداوند یسوع مسیح ایک بدکار شخص کے لئے ہمارے ردِعمل کی بات کر رہے ہیں۔

﴿39 آیت﴾

یہاں پر اُس شخص کے تعلق سے ہمارے روّیے کی بات ہو رہی ہے جو خداوند کو نہیں جانتا اور جس نے اپنی زندگی اِس دُنیا کے تابع کر رکھی ہے۔

جبکہ متی 18 باب بالکل مختلف ہے۔ یہاں پر خداوند یسوع مسیح ہمارے بھائی کے تعلق سے بات کر رہے ہیں جو کوئی ہمارا قصوروار ہوا ہے۔ یہاں پر یہ بات بالکل واضح ہو جاتی ہے کہ اپنے بھائی یا بہن کی نسبت جو ہمارے خلاف کوئی گناہ کرے اور کسی گناہ گار کے

تعلق سے ہمارا روّیہ اور ردعمل مختلف ہونا چاہیئے۔ متی 39:5 ہمیں بتاتا ہے کہ ہمیں کسی بُرے شخص کا مقابلہ نہیں کرنا چاہیئے البتہ متی 15:18 کے مطابق ہمیں قصور کرنے والے بھائی یا بہن سے خلوت میں بات کرنی چاہیئے۔ ایمانداروں سے خدا اعلیٰ درجہ کی توقعات رکھتا ہے۔ جبکہ ایمانداروں کے درمیان ہمیشہ ہی اختلافات پائیں جائیں گے۔ تو بھی خدا یہ توقع کرتا ہے کہ ہم اِن اختلافات اور کشیدگیوں کو ختم کرنے کے لئے ہر ممکن کوشش کریں اور تمام وسائل بروئے کار لائیں۔

یہاں پر نقطہ یہ ہے کہ کچھ نہ کرنے والا دوسرا انتخاب خداوند یسوع مسیح کی 15:18 میں دی جانے والی تعلیم کے قطعی طور پر متضاد ہے۔ خداوند ہمیں سکھاتا ہے کہ جب کوئی بھائی یا بہن ہمارا گناہ کرے تو ہم خلوت میں جا کر اُس سے بات چیت کریں اور اُس پر اُس کی غلطی کو واضح کریں۔

لفظ ''جا'' یہاں پر انتخابی معنی نہیں رکھتا بلکہ خداوند یسوع مسیح کی طرف سے دیا جانے والا ایک واضح حکم ہے۔ اگر آپ کا بھائی آپ کے خلاف کوئی گناہ کرے تو آپ کو اُس کے پاس جا کر اُس کے تعلق سے بات چیت کرنی چاہیئے۔ اگر ہم نہیں جاتے تو پھر ہم متی 18 باب میں دیئے گئے ایک واضح حکم کی نافرمانی کر رہے ہیں۔ جس شخص نے ہمارا گناہ کیا ہے، اُس کے پاس جانا آسان کام نہیں ہے۔ اِس کی کئی وجوہات ہیں۔

اول۔ بطور ایماندار ہم دوسرا گال پھیر دینے کی ضرورت محسوس کرتے ہیں۔ ﴿متی 5:38-40﴾

کئی دفعہ ہم ہر طرح کی بے عزتی اور رسوائی کو برداشت کرنا اپنا روحانی فریضہ سمجھتے ہیں۔ ہم کہتے ہیں کہ کیا یہی سب کچھ خداوند نے ہمارے لئے نہیں کیا۔

''وہ ستایا گیا تو بھی اُس نے برداشت کی اور منہ نہ کھولا۔ جس طرح برّہ جسے ذبح کرنے کو لے جاتے ہیں اور جس طرح بھیڑ اپنے بال کترنے والوں کے سامنے بے زبان ہے۔ اِسی طرح وہ خاموش رہا۔'' ﴿یسعیاہ 7:53﴾

خداوند یسوع مسیح نے اُن لوگوں کا مقابلہ نہ کیا جنہوں نے اُسے مصلوب کیا۔ جب اُس سے کچھ پوچھا گیا تو خدوند یسوع مسیح اپنے الزام لگانے والوں کے سامنے خاموش کھڑا رہا۔ اُس نے اُنہیں اجازت دی کہ وہ اُسکا مضحکہ اڑائیں، اور اُسے کیلوں سے صلیب پر جڑ دیں۔ بطور ایماندار ہم سمجھتے ہیں کہ روحانی کام کرنا دراصل مسیح کے نقش قدم پر چلنا ہے۔ اور اِس لئے ہم خاموشی اختیار کئے رہتے ہیں۔ یہاں پر خداوند نے ہماری توجہ اُس شخص کی طرف نہیں کروائی جس کے خلاف گناہ ہوا ہے بلکہ جس نے گناہ کیا ہے۔

جب میں اپنے بھائی کے پاس جاتا ہوں، میں اِس لئے اُس کے پاس نہیں جا رہا کیوں کہ اُس نے میرا گناہ کیا ہے بلکہ اِس لئے کہ وہ گناہ میں گر گیا ہے۔ میرا مقصد اُس بھائی یا بہن کو اُس کے قدموں پر دوبارہ کھڑا کرنا اور اُس کی رفاقت مسیح کے بدن میں بحال کرنا ہے۔

اگر میں اپنے خلاف ہونے والے جرم کو نظر انداز کرتا ہوں تو دراصل میں اپنے بھائی کو اُس گناہ کو جاری رکھنے کی اجازت دیتے ہوئے اُس کا نقصان کر رہا ہوں۔ ہم اپنے

دفاع اور اُس کی بھلائی کی خاطر جاتے ہیں۔

دوسری وجہ اُس کے ردِعمل کے پیشِ نظر ہمارا خوف ہوتا ہے۔ کیوں کہ ہمیں معلوم نہیں ہوتا ہے جب ہم اپنے بھائی سے اُس کے گناہ کے تعلق سے بات کریں گے تو اُس کا ردعمل اور گفتگو کیسی ہوگی؟ کیا وہ ہم پر خفا ہوگا؟ کیا وہ متضاد دلائل پیش کرنے کی کوشش کرے گا؟

ہم کسی طور پر بھی نہیں جانتے کہ ہمارے بھائی کا روّیہ اور ردِعمل کیسا ہوگا۔ تاہم جانے کا حکم تو اٹل ہے اور اِس میں کسی قسم کی لچک موجود نہیں ہے۔ ہمارا بھائی گناہ میں گر گیا ہے ،خواہ وہ ہماری مدد لینا چاہے یا نہ لینا چاہے۔ اُس کو آگاہ کرنا ہمارا فرض ہے۔ خدا کے بہت سے مقدسین نے اپنی جانوں کو خطرے میں ڈال کر گناہگاروں کو کلام کی سچائیوں سے آگاہ کیا۔

وہ چرواہا جس کی بھیڑ بھٹک گئی ہو، اُسے معلوم ہوتا ہے کہ اُسے اپنی جان خطرے میں ڈال کر اور اپنی بہت زیادہ توانائی کو صرف کر کے بھٹکی اور کھوئی ہوئی بھیڑ کو گلہ میں لانا ہوگا۔ خداوند یسوع مسیح نے ہمارے لئے صلیب پر اپنی جان قربان کی۔ ہم اپنے بھائی کے لئے کیا کرنے کو تیار ہیں؟ کیا ہم اُسے پریشان کرنے کا خطرہ مول لیں گے؟ کیا ہم اُسکے غصیلے روّیے کا سامنا کرنے کے لئے تیار ہونگے؟ وہ کون سی قیمت ہے جو آپ اپنے بھائی کی بحالی کے لئے ادا کرنے کے لئے تیار ہیں؟ جب ہمیں اپنے بھائی سے حقیقی محبت ہوگی تو ہم کبھی بھی اُسے گناہ سے شکست کھاتے ہوئے دیکھ کر مطمئن حالت

میں بیٹھے نہیں رہیں گے۔

تیسری وجہ۔ کئی دفعہ ہم اعتماد کی کمی کے سبب بھی جانے سے رُکے رہتے ہیں۔خاص طور پر اگر ہماراوہ بھائی جس کے پاس ہم جا رہے ہیں،عمر میں ہم سے بڑا ہو، روحانی طور پر بھی ہم سے سینئر ہو، ہم سمجھتے ہیں کہ وہ ہم سے ایمان میں اور تجربہ میں کہیں آگے ہے،ہمیں اُس کے پاس جانے کا کوئی اختیار نہیں ہے۔کئی دفعہ اِس اعتماد کی کمی کی وجہ اِس بات کا نہ جاننا ہے کہ آیا ہم درست بھی ہیں یا نہیں۔

شاید ہم نے حالات کا درست طور پر جائزہ نہیں لیا۔اپنے بھائی کے پاس جانے کی بہ نسبت اُسے شک کا فائدہ دینا قدرے آسان ہے۔اور یوں ہم اُس کے پاس جانے سے پہلوتہی اختیار کر لیتے ہیں۔اِس بات کو یاد رکھیں کہ گناہ ایک پختہ اور تجربہ کار ایماندار کے لئے بھی اتنا ہی مسئلہ ہے جتنا ہے کہ ایک نا تجربہ کار اور نومولود مسیحی کے لئے۔کوئی بھی گناہ میں گر سکتا ہے خواہ وہ مضبوط ہو یا کمزور ایماندار، تجربہ کار ہو یا نا تجربہ کار۔خداوند کے ساتھ چلنے میں اکثر میرے بچے مجھے ایک چیلنج دیتے ہیں۔اگر چہ مجھے زندگی میں جو تجربات حاصل ہیں،اُن کے پاس نہیں ہیں۔تو بھی وہ مجھے سکھا سکتے ہیں۔

سیکھنے کے لئے فروتنی کا روّیہ ضروری ہو ما ہے۔

لیکن اعتماد کی کمی آپ کو فرمانبرداری سے کبھی نہ روکنے پا پائے۔لفظ جانے کے تعلق سے بک اور بات سیکھنے کی ضرورت ہے۔جس شخص کو جا ما ہے،اُسے کسی دوسرے سے ہے، یا کسی دوسرے شخص نے اُس کا قصور کیا ہے۔اس کتاب کے پیش لفظ میں، ہمیں ا ٹھوکر لگی

میں نے ایک واقعہ بیان کیا ہے جس میں خداوند کی ایک بندی کو مسیح میں ایک بہن سے کوئی گلہ شکوہ تھا، اُس نے مجھے بلایا تا کہ بطور ایک پاسبان میں اُس مسئلہ کو سلجھانے میں اُس کی مدد کر سکوں۔

خداوند یسوع مسیح اِن آیات میں اِس بات کو واضح کرتے ہیں کہ جس کے خلاف گناہ ہوا ہے اُسے جانا ہے۔ یہ جرم کسی اور کے خلاف بھی ہوسکتا تھا لیکن خدا نے مناسب سمجھا کہ شخصی طور پر آپ کے خلاف ہی یہ سب کچھ ہو۔ وہ آپ کو بلا رہا ہے کہ آپ اِس کے تعلق سے کچھ کریں چونکہ یہ سب کچھ آپ ہی کے ساتھ ہوا ہے۔ اِس لئے آپ ہی کو جانا ہے۔ یہ آپ ہی کا کام ہے، کوئی دوسرا اِس کو نہیں کرے گا۔ خدا نے آپ پر ہی اُنگلی رکھی ہے اور آپ ہی کو حکم دیا ہے کہ آپ جائیں، خلوت میں اُس سے بات کریں اور اُس پر اُس کی غلطی کو ظاہر کریں۔ کسی اور کو بھیجنا خداوند کے ایک واضح حکم کی نافرمانی ہوگی۔

اِس بات پر غور کریں کہ کیوں ہمیں اپنے اُس بھائی کے پاس جانا ہے جس نے ہمارا قصور کیا ہے۔ خداوند ہمیں بتاتا ہے کہ ہم نے اُس پر اُس کی غلطی کو ظاہر کرنے کے لئے جانا ہے۔ میں اِس حقیقت پر زور دینا چاہوں گا کہ خداوند یسوع مسیح ہمیں اپنی عزت و شہرت کے دفاع کے لئے نہیں بھیج رہے، جانے کا مقصد، اپنے بھائی کو اُس کا گناہ، غلطی تسلیم کرنے میں اُس کی مدد کرنا ہے۔ تا کہ وہ توبہ کر کے خداوند کے ساتھ رشتہ میں بحال ہو اور پھر سے اُس کے ساتھ چلنا شروع ہو جائے۔

اپنے بھائی کو اُس کا قصور دکھانے کے مختلف طریقہ کار ہیں۔ یہ سارے طریقہ کار خدا کی

طرف سے نہیں ہیں۔ مثال کے طور پر ہم، اپنے بھائی کے پاس اپنے آپ کو راستباز ثابت کرنے والے روّیہ کے ساتھ جا سکتے ہیں۔اور اِس خواہش کے ساتھ جا سکتے ہیں کہ اپنے آپ کو راستباز اور اُسے گناہ گار ثابت کریں اور اپنی روحانیت کا اُس کے قصور سے موازنہ کریں، لوقا کی انجیل میں ایک فریسی کے روّیے پر غور کریں۔

''دو شخص ہیکل میں دُعا کرنے گئے۔ایک فریسی، دوسرا محصول لینے ولا۔فریسی کھڑا ہو کر اپنے جی میں یوں دُعا کرنے لگا کہ اَے خدا! میں تیرا شکر کرتا ہوں باقی آدمیوں کی طرح ظالم، بے انصاف، زنا کار یا اِس محصول لینے والے کی مانند نہیں ہوں۔ میں ہفتہ میں دو بار روزہ رکھتا اور اپنی ساری آمدنی پر دہ یکی دیتا ہوں۔لیکن محصول لینے والے نے دُور کھڑے ہو کر اتنا بھی نہ چاہا کہ آسمان کی طرف آنکھ اُٹھائے بلکہ چھاتی پیٹ پیٹ کر کہا، اَے خدا! مجھ گناہ گار پر رحم کر۔ میں تم سے کہتا ہوں کہ یہ شخص دوسرے کی نسبت راستباز ٹھہر کر اپنے گھر گیا۔ کیوں کہ جو کوئی اپنے آپ کو بڑا بنائے گا وہ چھوٹا کیا جائے گا اور جو اپنے آپ کو چھوٹا بنائیگا۔ وہ بڑا کیا جائے گا۔'' ﴿لوقا 18:10-14﴾

فریسی کی دُعا تکبر اور گھمنڈ سے بھری ہوئی ہے۔اُس نے اپنے آپ کا موازنہ اُس محصول لینے والے کے ساتھ کیا جو ہیکل میں اُس کے قریب ہی دُعا کر رہا تھا۔اُس نے اپنے آپ کو اعلیٰ سمجھتے ہوئے یہ چاہا کہ سب کو معلوم ہونا چاہئے کہ میں اُس محصول لینے والی کی بہ نسبت بہت اچھا ہوں۔خداوند یسوع مسیح نے اُس کی خود پسندی کے باعث اُس کی عدالت کی۔متی 18:15 کو اِس تمثیل کے متن میں سمجھنے کی ضرورت ہے۔ محتاط رہیں

کہ جب ہم اپنے بھائی پر اُس کی غلطی کو ظاہر کرنے کے لئے جائیں تو خود پسندی، تکبر خود کو راستباز ٹھہرانے والے روّیہ کے ساتھ نہ جائیں۔ کیوں کہ یہ تو اُس شخص کا روّیہ ہے جو خود کو اپنے بھائی کی بہ نسبت زیادہ راستباز سمجھتا ہے۔

بعض اوقات ہم اپنے بھائی کے پاس دل میں غصہ رکھتے ہوئے نقصان کی تلافی کی توقع کے ساتھ جا سکتے ہیں۔ ایسا روّیہ رکھنے والا شخص بھی معاملہ اپنے ہاتھ میں لینے کا خواہش مند ہوتا ہے۔ کیوں کہ وہ یہ چاہتا ہے کہ اُس کا بھائی کیئے گئے قصور، یا پہنچائے گئے نقصان کی ادائیگی کرے۔ وہ اپنے اندر انصاف کا احساس رکھنے کا خواہش مند ہے۔ ایک بار پھر اِس بات کو سمجھنا اہم ہے، جبکہ کلام مقدس میں انصاف ایک اہم موضوع ہے۔

خداوند یسوع مسیح کی تعلیم یہاں پر انصاف کی جستجو نہیں بلکہ اپنے بھائی کی بحالی ہے جو گناہ میں گر چکا ہے۔ اگر آپ نقصان کی تلافی کی توقع کے ساتھ جا رہے ہیں تو پھر آپ اِس مقصد کے لئے نہیں جا رہے جس کی تعلیم خداوند نے متی کی معرفت لکھی گئی انجیل کے مذکورہ حوالہ میں دی ہے۔ ہم کس طرح اپنے بھائی پر اُس کی غلطی کو ظاہر کریں۔

فلپیوں کے خط میں خدا کا کلام ہمیں بتاتا ہے کہ ہم، تکبر، خود غرضی پر مبنی محرکات اور نیت کے ساتھ اپنے بھائی کے پاس نہ جائیں، بلکہ اُسے اپنے سے افضل جانتے ہوئے جائیں۔ بالخصوص جب اُس نے ہمارا قصور کیا ہے تو پھر ایسا روّیہ اپنانا قدرے مشکل ہوتا ہے۔

"تفرقے اور بے جا فخر کے باعث کچھ نہ کرو۔ بلکہ فروتنی سے ایک دوسرے کو اپنے سے

بہتر سمجھے'' ﴿فلپیوں 3:2﴾ پطرس رسول اپنے دور کے نو جوانوں سے مخاطب ہوتے ہوئے اُنہیں اِس بات کے لئے اُبھارتے ہیں کہ وہ تابع داراور فروتن رہیں۔

''اَے جوانو! تم بھی بزرگوں کے تابع ہو بلکہ سب کے سب ایک دوسرے کی خدمت کے لئے فروتنی سے کمر بستہ رہو۔ اِسلئے کہ خدا مغروروں کا مقابلہ کرتا ہے مگر فروتنوں کو توفیق بخشتا ہے۔'' ﴿1 پطرس 5:5﴾

مقدس پولس رومیوں کے خط میں اپنے قارئین کو بتاتے ہیں کہ ایک ہی قرض ہے جو زندگی میں پورے طور پر ادا نہیں ہوتا۔ پولس رسول دوسروں سے محبت کرنے کو ایک قرض سمجھتے ہیں

''آپس کی محبت کے سوا کسی چیز میں کسی کے قرضدار نہ ہو۔ کیوں کہ جو دوسرے سے محبت رکھتا ہے۔ اُس نے شریعت پر پورا عمل کیا۔'' ﴿رومیوں 8:13﴾

اگر ہم نے اپنے بھائی پر اُس کا قصور ظاہر کرنا ہے تو پھر ہمیں اپنے آپ کو راستباز سمجھنے اور غصے والے روّیہ سے گریز کرنا ہوگا۔ کسی بھی طرح کے شخصی انتقام کی سوچ اور ارادے سے بھی خود کو دُور رکھنا ہوگا۔ بلکہ اپنے بھائی کو اپنے سے بہتر جانتے ہوئے محبت اور فروتنی سے اُس تک پہنچیں۔ فروتنی اور عزت کا روّیہ اپنے بھائی کا احترام کرتا ہے۔ حتیٰ کہ اُس وقت بھی جب وہ گناہ میں گر جاتا ہے۔ محبت کی خواہش بحال ہونے میں اُس کی مدد کرنا ہوتی ہے نا کہ انتقام لینا۔ محبت اپنے بھائی کے ساتھ موازنہ کرتے ہوئے خود کو راستباز نہیں ٹھہراتی۔ اگر آپ سمجھتے ہیں کہ آپ عاجزی اور محبت کے روّیہ کے ساتھ نہیں جاسکتے

تو پھر آپ کو خدا سے معافی مانگتے ہوئے، دُعا کرنی چاہئے کہ وہ آپ کو ایسا روّیہ عطا کرے۔

یہاں پر اِس بات کا ذکر کرنا بھی اہم ہے کہ اپنے بھائی پر اُس کی غلطی کو ظاہر کرتے ہوئے جس محبت کا اظہار ہم کرتے ہیں وہ صرف اپنے بھائی کے لئے نہیں ہوتی بلکہ تمام کلیسیا کے لئے بھی ہوتی ہے۔ اگر وہ بھائی اپنے گناہ کو ترک نہیں کرتا تو اُس کا گناہ مسیح کے بدن میں ہم آہنگی اور یگانگت پر اثر انداز ہوگا۔ ہم اپنے بھائی کی مدد کرتے ہیں تا کہ وہ اپنے گناہ سے آگاہ ہو جائے۔ ہم اِس سوچ اور خواہش کے پیش نظر اپنے بھائی پر اُس کی غلطی اور خطا کو ظاہر کرتے ہیں کہ مسیح کا بدن محفوظ رہے، کہیں ایسا نہ ہو کہ اُس پر بھی یہ گناہ اثر انداز ہو۔

چند غور طلب باتیں

☆۔جب آپ کوئی شخص آپ کا قصور کرتا ہے تو آپ کا فطرتی روّیہ کیسا ہوتا ہے؟

☆۔قصوروار بھائی یا بہن سے کون سی چیز ہمیں بات کرنے سے روکتی ہے۔

☆۔جب کوئی ایماندار یا غیر ایماندار ہمارا قصور کرتا ہے، تو کیا اُن کے لئے ہمارے رد عمل میں کوئی فرق ہوتا ہے، اگر ہوتا ہے تو کیوں؟

☆۔اپنا دوسرا گال پھیر دینے اور اپنے بھائی کو اُس کی غلطی بتانے میں کیا فرق ہے؟

☆۔ہمیں کس طرح اپنے بھائی پر اُس کے قصور کو ظاہر کرنا چاہیئے؟ ہم کس روّیے سے گریز کرنا چاہیئے؟

☆۔جب ہم اپنے اُس بھائی کے پاس جائیں جس نے ہمارا قصور کیا ہو تو ہمیں کیسا روّیہ اختیار کرنا چاہیئے؟

☆۔اگر ہم محبت اور فروتنی کے روّیہ کے ساتھ جانے میں مشکل محسوس کریں تو ہمیں کیا کرنا چاہیئے؟

چند دُعائیہ نکات

☆۔خداوند سے دُعا کریں کہ وہ آپ کو اُن لوگوں کے لئے محبت بھرا روّیہ اپنانے کی توفیق دے جنہوں نے آپ کا قصور کیا ہے۔گزرے وقت جب آپ ایسا روّیہ رکھنے میں ناکام رہے،اِس کے لئے خدا سے معافی مانگیں۔

☆۔کیا آپ اُس بھائی یا بہن کے تعلق سے غلط روّیہ رکھے ہوئے ہیں جس نے آپ کا قصور کیا ہے۔خداوند سے دُعا کریں کہ وہ آپ کو فضل دے تاکہ آپ تمام معاملات درست کرنے کے لئے اُس کے پاس جائیں۔

☆۔خداوند سے دُعا کریں کہ وہ اُس بھائی یا بہن کے خلاف آپ کے دل میں موجود غصے یا اپنے آپ کو راستباز ٹھہرانے والے روّیہ کو دور کرنے کی توفیق دے جس نے آپ کا قصور کیا ہے۔

باب3

خلوت میں

خلوت میں جا کر بات چیت کر....

سموئیل کی کتاب میں داؤد اور اُس کے جنگی مردوں کے تعلق سے ایک اہم واقعہ پایا جاتا ہے۔ وہ ساؤل بادشاہ سے بچنے کے لئے بیابان میں سے گزر رہے تھے۔ وہ کرمل کے علاقہ میں آئے جہاں پر نابال نام کا ایک آدمی رہتا تھا۔ داؤد نے اُس کے پاس کچھ آدمی بھیجے تا کہ وہ اُنہیں روٹی پانی دے۔ نابال نے داؤد کے آدمیوں کی بے عزتی کی اور کسی بھی طرح کی مدد سے انکار کر دیا۔ جب داؤد کے آدمی نابال کے انکار کے ساتھ واپس لوٹے تو داؤد بڑا غضبناک ہوا۔ اُس نے یہ کہتے ہوئے نابال اور اُسکے گھرانے پر دھاوا بولنے کا ارادہ کر لیا۔

''سو اگر میں صبح کی روشنی ہونے تک اُس کے لوگوں میں سے ایک لڑکا بھی باقی چھوڑوں تو خدا داؤد کے دشمنوں سے ایسا ہی بلکہ اِس سے زیادہ ہی کرے۔'' ﴿1 سموئیل 22:25﴾

داؤد کی بے عزتی ہوئی تھی اور اُس نے معاملہ اپنے ہاتھ میں لینے کا فیصلہ کر لیا تھا۔ اُس نے اپنے آدمیوں کو فراہم کیا تا کہ نابال کے گھرانے کے ہر ایک مرد کو قتل کر دیں۔ داؤد کا

ردِعمل انتہا پسندی پر مبنی تھا۔ جب ہمیں کسی کی طرف سے کوئی دُکھ پہنچتا ہے تو ہم بڑی آسانی سے دوسروں کے ساتھ اِس کے متعلق بات چیت کرتے ہیں۔ہم اِس سارے معاملہ میں خود کو بَری الزمہ قرار دینا چاہتے ہیں۔

بعض اوقات ہم ایسے لوگوں کی تلاش میں ہوتے ہیں جو ہماری حمایت اور مدد کریں۔ تاہم، آخر میں ہم داؤد کی طرح ایک بڑی فوج فراہم کر لیتے ہیں تا کہ اپنے بھائی کے خلاف محاذ آرائی کریں۔خداوند یسوع مسیح متی 18:15 میں واضح کرتے ہیں کہ جب ہمارا بھائی ہمارا کوئی قصور کرے تو ہمیں تنہائی میں اُس سے بات کرنی ہے۔اِس کی کئی وجوہات ہیں۔

اوّل۔جب ہم معاملہ کو اپنے درمیان رکھتے ہوئے اُسے سلجھانے کی کوشش کرتے ہیں تو معاملہ زیادہ طول نہیں پکڑتا۔تصور کریں کہ جب کوئی کہانی مشہور ہونا شروع ہوتی ہے تو کیا ہوتا ہے۔ جتنے زیادہ لوگوں کو معاملہ کا علم ہوگا، مبالغہ آرائی اور غلط فہمی کے امکانات زیادہ بڑھ جائیں گے۔ جب قصہ ایک شخص سے دوسرے شخص تک پہنچے گا تو پھر بات کا بتنگڑ بنتا جائے گا۔ بات کو اپنے درمیان رکھنے سے ہم رائی کو پہاڑ بننے سے روک سکتے ہیں۔

دوم معاملہ کو خود ہی اپنے بھائی کے ساتھ نپٹانے سے میں اپنے بھائی کی عزت کو بچا سکتا ہوں۔ ہماری ذمہ داری ہے کہ مسیح کے بدن میں ایک دوسرے کو عزت کی نگاہ سے دیکھیں۔ وہ بھائی جس نے میرا قصور کیا ہے۔اُس کو استثنیٰ حاصل نہیں ہے۔اگرچہ

اُس نے گناہ کیا ہے۔ پھر بھی میری ذمہ داری ہے کہ مسیح میں اُسے اپنا بھائی سمجھتے ہوئے اُس کا احترام کروں۔ جب یسوع نے یہ حکم دیا ہے کہ میں اپنے بھائی سے خلوت میں بات کروں تو دراصل یسوع نے میرے بھائی کو کسی بھی ناجائز دُکھ اور ذہنی کرب سے بچانے کے لئے تحفظ فراہم کیا ہے۔ اگر معاملہ اپنے درمیان حل ہوسکتا ہے تو پھر اُسے آگے نہیں بڑھانا چاہیئے۔ یوں میرا بھائی بحال ہو جائے گا اور اُس کی عزت پر آنچ نہیں آئے گی۔

سوم معاملہ اپنے اور اپنے بھائی کے درمیان رکھنے سے ہم کلیسیا کو محفوظ رکھتے ہیں۔ شیطان کی یہی دلچسپی ہے کہ وہ لوگوں کو کہانیاں پیش کرے تا کہ وہ اُن کے متعلق ہی باتیں کرتے رہیں۔ حالانکہ چاہیئے تو یہ کہ خدا کے لوگوں کی گفتگو ایسی ہو گویا کہ خدا کا کلام۔

دورِ حاضرہ کی کلیسیا میں تہمت بازی اور الزام تراشی ایک عام سی چیز بن چکی ہے۔ جب ہم کسی بھائی کے تعلق سے بُری باتیں کرتے ہیں۔ تو ہم کلیسیا میں ہم آہنگی کو برباد کرنے کے خطرہ سے دوچار ہوتے ہیں۔ طرفداری اور پارٹی بازی کی وجہ سے بہت سی کلیسیائیں تقسیم ہو چکی ہیں۔ ابلیس کسی بھائی کے خلاف ہونے والے جرم کو لے کر اُسے مجموعی طور پر کلیسیا میں تقسیم پیدا کرتے ہوئے اُسے برباد کرنے کے لئے استعمال کرتا ہے۔ اپنے اور اپنے بھائی کے درمیان معاملہ رکھنے سے میں کلیسیائی بربادی کو روکنے کے لئے اپنا کردار ادا کرتا ہوں۔ دیکھیں کہ یسوع نے اپنے دور کے گناہ گاروں

کے ساتھ کیسا سلوک کیا۔

یوحنا 8 باب میں فریسی ایک عورت کو یسوع کے پاس لائے جو عین فعل کے وقت پکڑی گئی تھی۔ اُس وقت یسوع ہیکل میں تعلیم دے رہے تھے۔ اُنہوں نے سب کے سامنے کہا کہ یہ زنا میں پکڑی گئی ہے۔ یسوع نے یہ کہتے ہوئے اپنا فیصلہ سنایا کہ جس نے کبھی کوئی گناہ نہیں کیا وہ پہلا پتھر مارے۔

جب سب چلے گئے اور یسوع ہی وہاں اُس عورت کے پاس رہ گیا۔ اُس نے علیحدگی میں اُس سے کہا، ''آیندہ گناہ نہ کرنا۔''

خداوند یسوع مسیح نے یوحنا رسول کی معرفت لکھی گئی انجیل میں اِسی طرح سے ایک سامری عورت سے پیش آئے۔ جب سب شاگرد کھانا لینے گئے ہوئے تھے۔ یسوع نے تنہائی میں اُس سے بات چیت کی۔ اُس نے اُسے یاد دلایا کہ وہ پانچ شوہر کر چکی ہے اور جس کے ساتھ ہے وہ اُس کا شوہر نہیں ہے۔ خداوند یسوع نے اُسے کہا کہ وہ اپنے طرزِ زندگی پر غور کرے۔ لیکن علیحدگی میں اُسے ایسا کرنے کے لئے کہا۔

لوقا 19 باب میں خداوند یسوع مسیح کی زکائی سے ملاقات ہوئی۔ اُس دور میں محصول لینے والوں کو مجرم سمجھا جاتا تھا۔ وہ لوگوں سے فائدہ اٹھاتے اور بہت سے لوگ اُنہیں چور سمجھتے تھے۔ جب زکائی کی ملاقات یسوع سے ہوئی، تو یسوع نے از خود اُس کے گھر جانے کی خواہش کی۔

جب یسوع زکائی کے ساتھ اکیلا تھا تو یسوع نے اُس پر اُس کے گناہ کو ظاہر کیا اور اُسے

گناہ سے باز آنے کے لئے کہا، زکائی نے اُس چیلنج کو قبول کیا۔ اور جو کچھ لوگوں سے ناجائز لیا تھا اُسے لوگوں کو واپس کرنے کا فیصلہ کیا۔ یسوع عوام کے درمیان بھی ایسا کر سکتا تھا لیکن اُس نے اُس سے علیحدگی میں بات کرنے کا انتخاب کیا۔

یہ سچ ہے کہ کئی موقعوں پر یسوع نے سرعام بھی لوگوں کو ملامت کیا۔ اُس نے فقیہوں اور فریسیوں سے بڑی سخت باتیں کہیں۔ اُس نے ہیکل میں صرافوں کے تختے اُلٹ دیئے۔ اِن سب واقعات میں خداوند یسوع معاشرے میں پائے جانے والے غلط رجحانات اور بدعنوانی کو منکشف کر رہے ہیں۔ اُس نے فریسیوں کی جھوٹی اور غلط تعلیم کے بارے میں سرعام لوگوں کو بتایا۔ ہمیں جھوٹی تعلیم اور ہر طرح کی غلط رسومات کے بارے میں بات کرنے کی ضرورت پیش آتی ہے۔ متی 18 باب ہمیں اپنے مسیحی بھائی یا بہن کے خلاف سرعام کچھ بھی بولنے اور کہنے کے تعلق سے خبردار کرتا ہے۔

ہمیں متی کی انجیل کے مذکورہ حوالہ کو دورِ حاضرہ میں اپنی رہنمائی کے لئے استعمال کرنا چاہیئے۔ شاید آپ کسی دُعائیہ میٹنگ میں گئے تھے جہاں کسی نے کسی کے متعلق ایسی باتیں کہہ دیں جن سے اُنہیں دکھ پہنچا۔ دُعائیہ عبادت فضول گوئی اور ناجائز باتوں کا مرکز بن گئی ہیں۔

ہم اپنی دُعائیہ عبادات میں بھی اپنے بھائیوں اور بہنوں کے تعلق سے ایسی باتیں کہتے ہیں جو اُن کی عزت و شہرت کو نقصان پہنچا سکتی ہیں۔ ہم بڑے روحانی بن کر اچھے الفاظ کا استعمال کرتے ہوئے یہ سب کچھ کر سکتے ہیں۔ مثال کے طور پر ”میں اُس کے خلاف

نہیں ۔ میں اُس پر تہمت نہیں لگا رہا۔ میری اُس کے ساتھ کوئی مخالفت نہیں'' وغیرہ وغیرہ اہم بات یہ ہے کہ ہم اپنے خلاف کیئے گئے کسی بھی گناہ اور قصور کے تعلق سے اپنے سینئر ایماندار یا رہنما سے صلاح مشورہ کریں۔ جو کچھ ہم بیان کریں، اُس کے تعلق سے محتاط رہیں، کسی بھی طرح کی مبالغہ آرائی سے کام نہ لیں۔ پہلے مرحلے میں کوئی بھی چپقلش ہمارے اور ہمارے بھائی کے درمیان ہی رہے تو اچھا ہے۔ البتہ یہ کامیابی کی کوئی گارنٹی نہیں ہے۔

''یسوع نے کہا، اگر وہ تیری سنے، تو تو نے اپنے بھائی کو پا لیا۔'' یہ جملہ کہ ''اگر وہ تیری سنے'' کا مطلب ہے کہ ہر بھائی یا بہن آپ کی نہیں سنے گا۔ سننے کا مطلب ہے سمجھنا۔ سچائی پر عمل پیرا ہوتے ہوئے طور طریقہ تبدیل کرنا۔ ہر ایک بھائی سن اور سمجھ کر اپنا روّیہ اور عادات تبدیل نہیں کرے گا۔ اور اپنے گناہ سے باز نہیں آئے گا۔ بہت سے لوگ ہماری بات سن کر اپنا دل سخت کر لیں گے۔ اور مزاحمت کریں گے۔ اگر وہ ہماری سن تو لیں سمجھیں کہ ہم نے اُنہیں جیت لیا ہے۔ اپنے بھائی کو جیتنے یا پا لینے کئی معنی و مفہوم ہیں۔

اول۔ اپنے بھائی کو پا لینے کے معنی ہیں اپنے بھائی کی خداوند کے ساتھ رفاقت بحال کرنا۔ اُس کا گناہ خدا کے ساتھ اُس کے رشتے میں رکاوٹ کا باعث ہوتا ہے۔ خدا کے ساتھ قربت اور رفاقت و شراکت میں گناہ ایک دیوار کھڑی کر دیتا ہے۔ جب ہم اپنے کسی بھائی یا بہن کے پاس اُس کی غلطی ظاہر کرنے اور اُسے اِس بات پر آمادہ کرنے

کیلئے جاتے ہیں تو جب وہ ہماری بات سن کر مثبت روّیہ اختیار کرتا ہے تو خدا کے ساتھ اُس کی قربت اور رفاقت بحال ہو جاتی ہے۔

دوم ۔مذکورہ اقدام سے تو ہماری رفاقت وشراکت بھی اُس کے ساتھ بحال ہو جاتی ہے۔خاص بات یہ ہے کہ جب ہم معاملہ اپنے اور اپنے بھائی کے درمیان رکھتے ہیں تو تب ہی ایسا ہوتا ہے۔ جب ہم کلیسیا میں ہر کسی کے ساتھ اپنے بھائی کے قصور اور غلطی کو ایک کہانی بنا کر پیش کرتے ہیں تو پھر کئی مسائل جنم لیتے ہیں۔ جب میرا بھائی دیکھے کہ میں نے اُس معاملہ میں اُس کی عزت اور شہرت کا خیال رکھا ہے تو وہ محسوس کرے گا کہ واقعی مجھے اُس کی فکر ہے۔ میں نے اُسے جیت لیا ہے، یعنی میں نے اُس معاملہ میں اُس کے دل کو جیت لیا ہے۔اور یوں ہمارے درمیان رفاقت بحال ہو جاتی ہے۔

آخری بات

میں نے اپنے بھائی کو اِس مفہوم میں جیت لیا ہے کہ اُسے کسی اور بڑے گناہ میں گرنے سے بچا لیا ہے۔ میری فکرمندی نے اُسے گناہ کی زندگی گزارنے سے روک لیا ہے اور اِس بات کے امکانات ختم ہو گئے ہیں کہ وہ کلیسیا کے لئے بھی دُکھ کا باعث ہو۔ جب ہمارا بھائی ہمارا قصور کرے تو ہمیں شخصی طور پر اُس کے ساتھ بات کرنی چاہیئے۔ ہمیں نہ تو سرعام اُس کے گناہ کی بات کرنی چاہیئے اور نہ ہی دوسروں کی حمایت حاصل کر کے اُس کے خلاف محاذ آرائی کرنی چاہیئے۔ بہت سے مسائل اور الجھنیں اُس وقت سر

اٹھانے لگتی ہیں جب ہم شخصی طور پر علیحدگی میں معاملہ نہیں سلجھاتے۔ جب دوسرے لوگ بھی شامل ہو جاتے ہیں تو پھر نتائج تباہ کن ہو سکتے ہیں۔ یسوع کی تعلیم قصوروار بھائی کی عزت وشہرت کو نقصان پہنچا کر اُس کے لئے دُکھ پیدا کرنے سے روکتی ہے۔ یہ کلیسیا میں نفاق، تقسیم اور تفرقات کو پیدا ہونے سے روکتی ہے۔ مسیح کی یہ تعلیم مسیح کے بدن میں بھائیوں اور بہنوں کے درمیان بحالی کو لاتی ہے۔

چند غور طلب باتیں

☆۔ 1 سموئیل 25 باب میں نابال کے روّیے کے خلاف داوٗد کے ردِعمل پر غور کریں۔ کیا ممکن ہے کہ ہم بھی داوٗد کی طرح اپنے قصوروار بھائی کے لئے ایسے ہی روّیے کا مظاہرہ کرتے ہیں؟

☆۔ یہ بات کیوں کر اہمیت کی حامل ہے کہ ہم معاملہ کو اپنے اور اپنے بھائی کے درمیان ہی رکھیں؟

☆۔ سرِعام کسی کے گناہ کو مشہور کرنے کے کیا ممکنہ نتائج ہو سکتے ہیں؟

☆۔ متی 18 باب کا حوالہ ہمیں خدا کے فضل اور قصوروار کے تعلق سے تعلیم دیتا ہے؟

☆۔ اپنے بھائی کو پالینے کا کیا معنی ہے؟

☆۔ کیا آپ کو کبھی ایسا تجربہ ہوا ہے جب آپ نے اپنے بھائی سے درست روّیہ اختیار کر کے اُس کا دل جیت لیا ہو۔ وضاحت کریں۔

چند دُعائیہ نکات

☆۔خداوند سے دُعا کریں کہ وہ آپ کو قصوروار بھائی کی عزت اوراحترام کرنے کا فضل دے جس نے آپ کا قصور کیا ہے۔خداوند سے معافی مانگیں کہ آپ نے اپنے بھائی کے قصور کو دوسروں کے سامنے بیان کر کے اُس کی نیک نامی کو نقصان پہنچایا۔

☆۔کیا آپ کسی بھائی یا بہن سے واقف ہیں جس نے آپ کی بات سننے سے انکار کر دیا؟ کچھ لمحات کے لئے اُن کے لئے دُعا کریں۔دُعا کریں تا کہ خدا اُن کے ذہنوں کو کھولے تا کہ وہ اپنی غلطی اور گناہ کو دیکھ اور سمجھ سکیں۔

☆۔خداوند کا شکر کریں کہ وہ گناہگاروں سے پیار کرتا ہے۔اِس بات کے لئے شکرگزار ہوں کہ یسوع کی تعلیم گناہ میں گرنے والوں کی محافظت کرتی ہے۔اوراُنہیں غیر ضروری تہمت بازی اور الزام تراشی سے ایک بڑا تحفظ فراہم کرتی ہے۔

باب 4

ایک یا دو گواہ

''اگر وہ تیری سنے تو تو نے اپنے بھائی کو پالیا۔'' ﴿متی 18:15﴾

''اگر نہ سنے تو ایک دو آدمیوں کو اپنے ساتھ لے جا تا کہ ہر ایک بات دو تین گواہوں کی زبان سے ثابت ہو جائے۔ ﴿متی 18:16﴾

خداوند یسوع ہمیں یہ تعلیم دے رہے ہیں کہ جب ہمارا کوئی بھائی یا بہن ہمارے خلاف کوئی گناہ کرے تو ہمیں شخصی طور پر اُس کے پاس تنہائی میں جا کر اُس کے گناہ کے بارے میں اُس سے بات چیت کرنی چاہئے۔ جب ہم ایسا کریں گے تو اُس میں سو فیصد کامیابی کی کوئی ضمانت نہیں ہے۔ ہو سکتا ہے کہ ہمارا بھائی یا بہن ہماری بات پر کان ہی نہ دھرے۔ اگر ایسا ہو تو پھر خداوند ہمیں بتاتے ہیں کہ ہمارا اگلا قدم کیا ہونا چاہئے۔

اِس جملہ پر غور کریں، ''اگر وہ نہ سنے۔'' یہاں پر یہ بیان نہیں کیا گیا کہ ہم نے کتنی بار اِس سے بات کرنی ہے۔ ہمیں اِس بات کی توقع نہیں کرنی چاہئے کہ وہ پہلی بار کہنے سے ہی ہماری بات سن لے۔ بعض اوقات دُعا کرنے کے بعد انتظار کی ضرورت پیش آئے گی۔

ف کا انتظار کر کے دو بارہ اپنے بھائی کے پاس جائیں۔ کیوں کہ ہر ایک

در ست و تی

کے صور تحال مختلف ہوتی ہے۔

ایسے مواقع بھی آتے ہیں جب ہمیں اِس بات کا احساس ہوتا ہے کہ ہم اپنے بھائی

روّیے کو تبدیل نہیں کر سکتے اور ہمیں مدد کی ضرورت ہے۔ یہ جملہ "اگر وہ نہ سنے۔" اِس کو سمجھنا ہمیشہ ہی آسان نہیں ہوگا۔ ہمیں کب معلوم ہو جاتا ہے کہ ہمارا بھائی ہماری بات پر دھیان نہیں دے رہا اور ہمیں مدد کی ضرورت ہے؟ میں آپ کو چار رہنما اصول پیش کرنا چاہوں گا۔

اوّل۔ اگر آپ کا بھائی آپ کی بات پر توجہ نہیں دے رہا تو اِس کا مطلب ہے کہ وہ آپ کی بات نہیں سن رہا۔ ہوسکتا ہے کہ آپ اُسے فون کریں اور اس سے ملنے کی کوشش کریں اور وہ کہے کہ اُس کے پاس وقت نہیں ہے۔ اور آپ کی ہر ایک کوشش جو آپ اُس سے ملنے کے لئے کریں وہ اُس میں مزاحم ہو۔ عین ممکن ہے کہ آپ اُسے لگاتار فون کریں اور وہ اِس بات کو بھی پسند نہ کرے۔ وہ آپ سے پہلو تہی کرے اور آپ سے جان چھڑانا چاہے تاکہ آپ اُس سے اِس موضوع پر بات ہی نہ کر سکیں جو آپ اُس سے کرنا چاہتے ہیں۔

دوم۔ اگر آپ کا بھائی آپ کی بات کو رد کر دے اور اپنے کاموں کو درست اور راست ثابت کرنے کے لئے بہانے تلاش کرے۔ ہوسکتا ہے کہ وہ اُلٹا آپ پر ہی الزام لگا دے یا کئے گئے کام بوجھ کسی اور پر ڈال دے۔ ہوسکتا ہے کہ وہ آپ سے اور صورتحال کے متعلق آپ کی بیان کردہ تشریح اور وضاحت سے متفق نہ ہو۔ یہ بھی تو ہوسکتا ہے کہ وہ اپنا دل سخت کر لے اور کہے کہ جو کچھ آپ کہہ رہے اُسے اِس بات کی مطلق فکر نہیں ہے۔ ہوسکتا ہے کہ وہ آپ کی بات تو سن لے لیکن اُسے قبول کرنے سے انکار کر دے۔

اِس سے ظاہر ہوتا ہے کہ وہ سن ہی نہیں رہا۔

سوم ۔ جو کچھ آپ کہہ رہے ہیں اگر آپ کا بھائی اُسے سمجھ نہیں رہا تو اِس کا مطلب ہے کہ وہ سن ہی نہیں رہا۔ کچھ ایسے اوقات بھی ہوتے ہیں جب ہمارے بھائیوں اور بہنوں کو سچائی اور کلام کے تقاضوں کی پوری سمجھ ہی نہیں آتی ۔ ہوسکتا ہے کہ جو کچھ اُس نے کیا ہے اُسے اِس بات کا احساس ہی نہ ہو کہ وہ گناہ ہے۔ اور یہ کہ اُسے کلام کو واضح طور پر سیکھنے اور سمجھنے اور تعلیم پانے کی ضرورت ہے۔

جب آپ اِس سے بات کرتے ہیں تو وہ کوئی اور دلائل پیش کر دیتا ہے۔ اِس لئے نہیں کہ وہ مشکل پیدا کرنے کی کوشش کر رہا ہے بلکہ اِس لئے کہ وہ کلام مقدس کے تقاضوں کو نہیں سمجھتا۔ شاید وہ یہ کہہ دے، جو کچھ آپ کہہ رہے ہیں میری سمجھ سے بالا تر ہے۔ جو کچھ میں نے کیا ہے، مجھے تو اُس میں کوئی برائی نظر نہیں آتی ۔ ہوسکتا ہے جس طور سے آپ کو اس سے بات کرنی چاہئے آپ اس طور سے بات ہی نہیں کر پا رہے۔ اگر اِس مسئلہ کو سلجھانا ہے۔ تو پھر آپ کو ایک یا دو گواہوں کی ضرورت ہوگی۔

کسی ایسے شخص کو لائیں جو کلام مقدس میں دیئے گئے خدا کے تقاضوں کو پورے طور پر سمجھنے میں اُس کی مدد کرسکیں۔ جب آپ کا بھائی صورتحال کو درست کرنے کے لئے کوئی عملی قدم نہیں اُٹھا رہا تو اِس کا سیدھا سادہ مطلب یہ ہے کہ وہ آپ کی بات نہیں سن رہا۔ ہوسکتا ہے کہ آپ کا بھائی آپ کو بڑے پرتپاک انداز سے اپنے گھر میں خوش آمدید کہے اور جو کچھ آپ کہیں

وہ بڑی توجہ سے سنے۔ ہوسکتا ہے کہ وہ اِس بات کے لئے آپ کا شکر گزار ہو کہ آپ نے اُس کی توجہ اُس معاملے کی طرف دلائی ہے۔ اپنے چہرے پر مسکراہٹ کے ساتھ آپ کو اپنے گھر سے رخصت کر دے۔ تاہم اگلے چند ہفتے گزرنے کے بعد بھی اُس کے روّیے میں کسی قسم کی کوئی تبدیلی واقع نہیں ہوتی۔

سب کچھ پہلے کی طرح ہی معمول کے مطابق چل رہا ہے۔ کسی بھی قسم کی عملی تبدیلی کی عدم موجودگی ظاہر کرتی ہے کہ اُس نے آپ کی بات پر کان ہی نہیں دھرا یعنی آپ کی بات سنی اَن سنی کر دی ہے۔

جب ہمیں اِس بات کی یقین دہانی ہو جائے کہ ہمارے بھائی نے ہماری بات کو نہیں سنا تب ہی معاملہ اگلی سطح پر لے جائیں۔ اِس مقام پر ہمیں ایک دو گواہوں کو تلاش کرنا ہوگا۔ جن لوگوں کو ہم اپنے بھائی کے پاس لے کر جائیں اُن کے انتخاب میں احتیاط سے کام لیں۔

16 آیت اُن گواہوں کے کردار وصفات کے بارے میں واضح نہیں ہے۔ درست لوگو ں کے انتخاب میں کلام مقدس ہمیں واضح رہنمائی نہیں دیتا۔

پہلی بات تو یہ ہے کہ جس شخص کو بھی ہم اپنے ساتھ لے کر جائیں اُسے ایک ایماندار ہونا چاہئے۔ 1 کرنتھیوں 6 باب میں مقدس پولس رسول نے بڑے واضح طور پر اِس کی تعلیم دی ہے۔ جب وہ کرنتھس کے لوگوں کو غیر مسیحی لوگوں کو ایمانداروں کے درمیان پیدا ہونے والے مسائل کے حل کے لئے استعمال کرتے ہیں۔

''پس اگر تم میں دنیوی مقدمے ہوں تو کیا اُن کو منصف مقرر کرو گے جو کلیسیا میں حقیر سمجھے جاتے ہیں؟ میں تمہیں شرمندہ کرنے کے لئے یہ کہتا ہوں۔ کیا واقعی تم میں ایک بھی دانا نہیں ملتا جو اپنے بھائیوں کا فیصلہ کر سکے؟ بلکہ بھائی بھائیوں میں مقدمہ ہوتا ہے۔ اور وہ بھی بے دینوں کے آگے۔'' ﴿1 کرنتھیوں 6:4-6﴾

ہمیں کلیسیائی متن میں مسئلہ یا کسی اُلجھن کو حل کرنے کو کوشش کرنی چاہیئے۔ کسی بھی غیر ایماندار کا گناہ کے بارے میں تصور ہم سے قطعی مختلف ہوتا ہے۔ کیوں کہ وہ نہ تو خدا کے کلام اور نہ ہی اُس کے روح سے رہنمائی پاتے ہیں۔ ہمارا گواہ اُس شخص کو ہونا چاہیئے جو خداوند یسوع مسیح اور اُس کے کلام سے پیار کرتا اور خدا کے کلام کی رہنمائی میں چلتا ہو۔

دوسری اہم بات یہ ہے کہ ہمارا گواہ ایسا شخص نہیں ہونا چاہیئے جسے اپنی زبان پر ہی قابو نہ ہو۔ اور وہ جہاں مرضی اور جیسی مرضی باتیں کرنے والا ہو۔

''جو کوئی لتراپن کرتا پھرتا ہے، راز فاش کرتا ہے۔ اِس لئے تو منہ پھٹ سے کچھ واسطہ نہ رکھ۔'' ﴿مثال 19:20﴾

یہ اِس بات سے کسی طور پر بھی واضح نہیں ہوسکتا۔ ہمیں ایسے شخص سے اجتناب کرنا چاہیئے جو بہت زیادہ بولنے والا ہو۔ کیوں کہ وہ راز فاش کردے گا۔ ہمارا گواہ تو وہ ہونا چاہیئے جو آپ کے بھائی کے معاملہ کو اپنے تک رکھے۔ اعتماد کی خاطر، ہمیں ہر قیمت پر ایسے شخص سے اجتناب کرنا ہے جو لتراپن کرنے والا ہو۔

تیسری بات یہ ہے کہ ہمارا گواہ راستباز اور دیانتدار شخص ہونا چاہیئے۔ موسیٰ کی شریعت

واضح تعلیم دیتی ہے کہ جھوٹے گواہ کو کڑی سزا دی جائے۔

''اگر کوئی جھوٹا گواہ اُٹھ کر کسی آدمی کی بدی کی نسبت گواہی دے، تو وہ دونوں آدمی جن کے بیچ یہ جھگڑا ہو خداوند کے حضور کاہنوں اور اُن قاضیوں کے آگے کھڑے ہوں۔ اور قاضی خوب تحقیقات کریں اور اگر وہ
گواہ جھوٹا نکلے اور اُس نے اپنے بھائی کے خلاف جھوٹی گواہی دی ہو تو جو حال اُس نے اپنے بھائی کا کرنا چاہا تھا وہ تم اُس کا کرنا اور یوں تو ایسی برائی کو اپنے درمیان سے دفع کر دینا۔'' ﴿استثنا 19:16-19﴾

وہ گواہ جسے آپ اپنے بھائی کے پاس لے کر آئیں صاف گو اور دیانت دار شخص کے طور پر پہچانا جاتا ہو۔ اور ایسا شخص ہو جس کی بات پر کلیسیا اعتماد کر سکے۔ کیوں کہ ایسا گواہ بات کو کوئی دوسرا رنگ دے کر سچائی کو بدلے گا نہیں۔ بلکہ واضح طور پر جو کچھ اُس نے دیکھا ہے اور جو وہ سچ سمجھتا ہے بیان کرے گا۔

گواہ کو غیر جانبدار ہونا چاہیے۔ پطرس رسول بیان کرتا ہے کہ ہمارا خداوند کسی کا طرفدار نہیں ہے۔

''اور جب کہ تم اُسے باپ کہہ کر اُس سے دُعا کرتے ہو جو ہر ایک کے کام کے موافق بغیر طرفداری کے انصاف کرتا ہے تو اپنی مسافرت کا زمانہ خوف کے ساتھ گزارو۔'' ﴿1 پطرس 1:17﴾

موسیٰ کی شریعت نے واضح طور پر بیان کیا کہ خدا کے لوگوں کو کسی کی طرفداری اور رو

رعایت نہیں کرنی چاہئے۔

''تم فیصلہ میں ناراستی نہ کرنا۔ نہ تو غریب کی رعایت کرنا اور نہ بڑے آدمی کا لحاظ بلکہ راستی کے ساتھ اپنے ہمسایہ کا انصاف کرنا'' ﴿احبار 19:15﴾

درج بالا آیات ہمیں بتاتی ہیں کہ ہمارا گواہ غیر جانب دار ہونا چاہئے اور کسی بھی فریق کی طرفداری نہ کرے۔ کیوں کہ وہ تو آپ کے اور آپ کے بھائی کے درمیان مسئلہ کے جائزہ لینے کے لئے آیا ہے، اسے دونوں جانب کا غیر جانب دار گواہ ہونا چاہئے۔ ہمارے بھائی کی بحالی اور شفا کے لئے گواہ لازمی ہیں۔ یوں لگتا ہے کہ گواہ مختلف کردار ادا کر سکتے ہیں۔

اوّل ۔ گواہ غیر جانبدار منصف ہوتے ہیں۔ اِس کا مطلب ہے کہ جب وہ صورتحال کا جائزہ لیں تو پھر وہ آپ کو بھی جزوی طور پر ملزم ٹھہرا سکیں۔ وہ آپ کو بھی سمجھا سکیں کہ آپ نے صورتحال کی غلط تشریح سمجھی ہے۔ یا پھر یہ کہ آپ نے اپنے بھائی کے خلاف نامناسب کام کیا ہے۔

بعض اوقات آپ کی جانچ پرکھ غیر واضح ہوسکتی ہے۔ یہ گواہ ہمیں ایک اور رائے دیتے ہیں۔ ہوسکتا ہے کہ وہ کسی چیلنج کی تصدیق کریں یا پھر اپنے بھائی کے تعلق سے ہمارے روّیے کے بارے میں اپنی رائے قائم کریں۔ جب وہ دیکھے گا کہ یہ صرف آپ ہی کی رائے نہیں ہے بلکہ گواہ کی بھی یہی رائے ہے۔ ہوسکتا ہے کہ وہ اپنا ذہن تبدیل کر کے توبہ کر لے۔

دوم۔ ایک گواہ کا دوسرا کردار یہ ہے کہ وہ ایک عقلمند مشیر ہو۔ بعض اوقات ہمیں مسئلہ کو سلجھانے کیلئے مدد درکار ہوتی ہے۔ ہمیں کسی دوسرے بھائی یا بہن کی حکمت و مشورت کی ضرورت ہوتی ہے تا کہ ہم مسئلہ کا حل نکال سکیں۔ گواہ ہمارے اور ہمارے بھائی کے درمیان کھڑا ہو کر ایک درمیانی کا کردار ادا کر سکتا ہے۔ تا کہ مسئلے کو سلجھایا جا سکے۔ ہو سکتا ہے کہ ہم تنقید اور سخت روّیے کے باعث اپنے بھائی کی تبدیلی میں رکاوٹ کا باعث بنے ہوئے ہوں۔ اِس سے پہلے کہ وہ آپ کے اور اپنے درمیان پائے جانے والی غلط فہمی، کشیدگی یا مسئلے کے حل کی طرف توجہ دے۔ ممکن ہے کہ ہمارا بھائی زندگی کے دیگر مسائل اور الجھنوں کو سلجھانے کے تعلق سے کشمکش کا شکار ہو۔

گواہ بطور ایک عاقل مشیر اِن تمام پہلوؤں پر بات چیت کر سکتا ہے اور مسئلہ کے حل کے لئے ہماری مدد کر سکتا ہے۔ گواہ ایک اُستاد بھی ہو سکتا ہے۔ تا کہ جہاں کہیں بائبلی اصولوں کو سمجھنے میں عدمِ معرفت یا سمجھ کا فقدان ہو وہاں وہ کلام کی تعلیم میں سے بھی نصیحت کر سکے۔ ہو سکتا ہے کہ یہ سب کچھ ایک ہی دفعہ مل بیٹھنے سے ممکن نہ ہو۔ ضرورت پیش آ سکتی ہے کہ گواہ ہمارے بھائی کے ساتھ کئی ہفتے گزارے، اُس کی تربیت کرے اور اُسے تعلیم دے۔

مقصد یہ ہے کہ ہمارا وہ بھائی جس نے جو گناہ کیا ہے اُسے کلامِ خدا کے تعلیم دے کر توبہ اور فہم کے مقام پر لایا جائے۔ اِس آیت میں ایک اور بات پر بھی ہمیں توجہ دینے کی ضرورت ہے۔ جب خداوند یسوع ہمیں ایک دو گواہوں کو لانے کی تعلیم دے رہے ہیں

تو وہ یہ نہیں کہہ رہے کہ ہمیں ایک وقت میں یا اکٹھے ہی گواہوں کو اپنے بھائی کے پاس لانا چاہیئے۔ایک لمحہ کے لئے غور کریں کہ آپ ایک گواہ کو اپنے بھائی کے پاس لاتے ہیں اور وہ اُس کی بات سننے سے انکار کر دیتا ہے۔

جبکہ پہلا گواہ معاملہ کے حل میں کامیاب نہیں ہوا تو وہ یہ سمجھتا ہو کہ ہمارے بھائی کا مسئلہ کلام کی عدم معرفت کی وجہ سے ہے اور اُسے تعلیم کی ضرورت ہے۔ ہوسکتا ہے کہ وہ یہ رائے دے کہ اب دوسرے گواہ کو اپنے ساتھ لے جایا جائے جو خدا کے کلام میں سے اُس کو تعلیم دے سکے۔ممکن ہے کہ ہمارا دوسرا گواہ ہمارے بھائی کی تربیت خدا کے کلام میں سے کر سکے اور واضح طور پر خدا کے کلام کے تقاضوں کو اُس پر عیاں کر سکے۔

ہوسکتا ہے کہ اِس سارے عمل میں کئی ہفتے، یا مہینے لگ جائیں اور آپ کو بھائی کے ساتھ کئی دفعہ بیٹھنے کی ضرورت پیش آئے۔جب ہم اپنے بھائی کی بحالی کے طالب ہوئے ہیں تو ہمیں صبر کا مظاہرہ کرنا ہوگا۔جبکہ 16 آیت میں وقت کی کوئی قید نہیں۔لیکن یہ بات واضح ہے کہ ہم اپنے بھائی کے ردِعمل کے بارے میں اپنے گواہ کے ساتھ متفق ہوں۔سارا معاملہ ایک یا دو گواہوں کی شہادت سے طے پانا چاہیئے۔لفظ طے پانا کسی چیز کے یقینی ہونے تصدیق شدہ ہونے کے معنی دیتا ہے۔ بالفاظ دیگر مزید کوئی قدم اُٹھانے سے پہلے، حقائق اور حالات کے بارے میں پر یقین ہونے کے لئے ہر ممکن کوشش کی جائے۔

خدا کے کلام کا حصہ بالکل واضح ہے کہ ہمیں اپنے بھائی کے گناہ کا ڈھونڈورا سرِ عام

نہیں پیٹنا چاہئے۔صرف ہمیں اور گواہ ہی کو معاملے کے بارے میں جانکاری ہو۔یوں ہمارے بھائی کی نیک نامی پر دھبہ نہیں لگتا اور خاموشی سے مسئلہ بھی سلجھ جاتا ہے۔کلیسیا نے اِس سلسلہ میں کوئی کاروائی نہیں کی کیوں کہ اِس حدتک ابھی رہنماؤں کو اِس معاملے کا علم ہی نہیں ہوا۔

معاملے کو کسی اگلی سطح پر لے جانے سے پہلے اپنے بھائی کو ہر ممکن موقع دیا جاتا ہے۔اپنے بھائی سے بات چیت کرنے کے لئے فون پر دومنٹ کی گفتگو سے کہیں بڑھ کر کسی چیز کی ضرورت ہوتی ہے۔متی 16:18 میں مسیح کی تعلیم کی پیروی کیلئے مہینوں کی سخت محنت درکار ہوگی۔جس کے لئے گواہوں کی ایک چھوٹی سی جماعت کے ساتھ مل کر دُعا اور شاگردیت کے روّیہ کو اپنانا ہوگا۔مقصد یہ ہے کہ ہمارے بھائی کو اِس کے گناہ کی سمجھ لگ جائے اور وہ اپنی نیک نامی پر دھبہ لگوائے بغیر خدا اور کلیسیا کی رفاقت میں بحال ہو جائے۔جس گواہ کو ہم اپنے ساتھ لے کر جائیں، لازم ہے کہ وہ اِس بات کے لئے متفق ہو اور اِس بات کا طالب ہو کہ ہمارا بھائی بحال ہو جائے۔

چند غور طلب باتیں

☆۔ جب ہم اپنے بھائی سے اُس کی غلطی کے بارے میں بات کرتے ہیں تو ہمیں کیسے معلوم ہوتا ہے کہ وہ ہماری بات نہیں سن رہا؟

☆۔ اُس گواہ کی کیا خصوصیات ہونی چاہیئے جس کو ہم اپنے بھائی کے پاس لے کر جائیں؟ یہ کس قدر آزمائش کی بات ہوسکتی ہے کہ ہم کسی ایسے گواہ کا انتخاب کر لیں جو ہماری طرفداری کرے؟

☆۔ اِس سبق میں ہم اِس کوشش کے بارے میں کیا سیکھتے ہیں جو اپنے بھائی کی بحالی کے لئے جانے کے لئے درکار ہوتی ہے؟

☆ کیا آپ اپنے بھائی کی بحالی کے لئے عملی طور پر کوشش کرنے کے لئے تیار ہیں؟

چند دُعائیہ نکات

☆۔خداوند کا شکریہ ادا کریں کہ وہ ہماری تربیت کرنے سے پہلے ہم ہر ایک گناہ سے توبہ کرنے کا موقع دیتا ہے۔

☆۔کیا کسی ایسے بھائی نے قصور کیا ہے جو آپ کی بات سننے کے لئے تیار نہیں ہے۔خداوند سے کہیں کہ وہ آپ کو درست گواہ دے جس کو آپ اپنے ساتھ لے کر جائیں جو آپ کے بھائی کی بحال میں آپ کی معاونت کر سکے۔

☆۔خداوند سے کہیں کہ وہ آپ کو صبرِ جمیل عطا فرمائے تا کہ آپ بحالی کے اِس عمل میں وفاداری سے آگے بڑھتے رہیں۔

☆۔خداوند سے کہیں کہ وہ آپ پر ظاہر کرے کہ آیا آپ کو کسی ایسے گناہ سے توبہ کی ضرورت ہے جو آپ کے بھائی کو مسیح کے بدن اور خداوند سے رفاقت سے روکے ہوئے ہے۔

باب5

کلیسیا سے کہہ

''اگر وہ اُن کی سننے سے بھی انکار کرے تو کلیسیا سے کہہ۔'' ﴿متی 18:17﴾

پچھلے باب میں ہم نے اپنے بھائی کے گناہ کے تعلق سے گواہوں کی ذمہ داری کا جائزہ لیا تھا۔ 17 آیت کا آغاز اِس بیان سے ہوتا ہے۔''اگر وہ اُن کی سننے سے بھی انکار کرے ......'' یہ بات ہمیں ایک بار پھر یاد دلاتی ہے کہ انسانی فطرت کے ساتھ کسی بات کی بھی گارنٹی نہیں دی جاسکتی۔ یہ عین ممکن ہے کہ گواہوں کی بڑی انتھک محنت کے باوجود بھی ہمارے بھائی کا دل سخت ہی رہے اور وہ اپنی غلطی کو دور کر کے راہِ راست پر آنے کیلئے تیار ہی نہ ہو۔ خداوند یسوع ہمیں یہ تعلیم دے رہے ہیں کہ اگر اِس طرح کی صورتحال ہو تو پھر معاملہ اگلی سطح پر لے جائیں یعنی کلیسیا کو بتائیں۔

کلیسیا کیا ہے؟ اِس کی سادہ سی تعریف یہ ہے کہ کلیسیا سے مراد دُنیا بھر کے وہ تمام لوگ جنہوں نے خداوند یسوع مسیح کو اپنا شخصی نجات دہندہ قبول کرلیا ہے۔ اِسے عالمگیر کلیسیا کہتے ہیں۔ اور بھی واضح طور پر اِس کی تعریف یہ ہوسکتی ہے۔ اِس سے مراد مقامی سطح پر ایمانداروں کی وہ جماعت ہے جو ایک مقررہ جگہ پر فراہم ہو کر عبادت کرتی ہیں۔ ہم سمجھ سکتے ہیں کہ خداوند یسوع مسیح یہاں پر ایمانداروں کی مقامی جماعت کے تعلق سے ہی

بات کر رہے ہیں جہاں سے ہمارے بھائی کا تعلق ہے۔ رسولوں کے دور میں ایک مخصوص علاقہ میں ایک ہی مقامی کلیسیا ہوتی تھی۔ تاہم آج کے دور میں ایک شہر یا قصبہ میں کئی کلیسیائیں قائم ہوتی ہیں۔ اِس کا مطلب ہے کہ ہمارے بھائی کا تعلق کسی اور کلیسیا سے بھی ہوسکتا ہے۔ اگر آپ کا بھائی اُس کلیسیا میں عبادت نہیں کرتا جہاں آپ عبادت ے لئے جاتے ہیں تو پھر آپ کیا کریں گے؟ اُس کے گناہ کے تعلق سے آپ کس کلیسیا سے رابطہ کریں گے؟ اگر ممکن ہو تو گناہ کے بارے میں اُس کی کلیسیا ہی کاروائی کرے۔

اِس کا مطلب ہے کہ آپ کو اور آپ کے گواہ کو اپنے بھائی کی مقامی کلیسیا کی قیادت سے ہی رابطہ کر کے اُنہیں اپنے بھائی کے مسئلہ کے حل کے لئے اُٹھائے گئے اقدم سے آگاہ یا مطلع کرنا چاہیے۔ اِس دور میں ایک اور مسئلہ بھی ہے اور وہ یہ کہ بہت سے ایمانداروں کا کسی کلیسیا سے کوئی رابطہ یا تعلق نہیں ہوتا۔ اگر ہمارے بھائی کا تعلق کسی کلیسیا سے نہ ہو تو پھر کیا کریں؟ اِس صورتحال میں دو حل نظر آتے ہیں۔

اگر آپ کا بھائی کسی مقامی کلیسیا میں عبادت کے لئے جاتا ہے۔ (اگرچہ وہ اُس کا رکن نہیں ہے) تو پھر آپ اُس کلیسیا کے پاسبان سے بھی رابطہ کر سکتے ہیں جہاں وہ عبادت کے لئے جاتا ہے۔ اور اُسے بھی مسئلہ کے حل کے لئے کہہ سکتے ہیں۔

اگر وہ کسی مقامی کلیسیا میں عبادت کے لئے نہیں جاتا تو پھر آپ کو اپنی کلیسیا کی قیادت کو اُس مسئلہ کے حل کے لئے کہنا ہوگا اور دیکھیں کہ وہ کیا مشورہ دیتے ہیں آپ اپنے طور پر

بھی اپنے بھائی کے مسئلہ اور صورتحال کا جائزہ لے کر اُس سے رابطہ کر سکتے ہیں۔

''کلیسیا سے کہہ'' اُس سے ایک اور سوال بھی پیدا ہوتا ہے کہ کس طرح کہنے کا عمل واقع ہونا چاہیئے۔ کیا وہ فریق جسے کے خلاف کوئی قصور کیا گیا ہے، کسی اتوار کی عبادت میں جا کر سرِعام اُس بھائی کے بارے میں سب کو بتا دے؟

یہ تو بہت ہی نامناسب بات ہوگی۔ کلیسیا میں اِس بات کی تشہیر کرنا بالکل غلط ہوگا جب کہ کلیسیا نے دو گواہوں کی بات سن کر صورتحال کا جائزہ ہی نہیں لیا۔ بہتر یہی ہوگا کہ کلیسیائی قیادت سے مسئلہ کے حل کے لئے رسائی حاصل کی جائے۔ قیادت کلیسیا کی نمائندہ ہوتی ہے۔ کلیسیائی قیادت کو ہی الزامات پر غور وفکر کرتے ہوئے مناسب کاروائی کرنی چاہیئے۔ کیوں دو بھائیوں کے درمیان پیدا ہونے والے مسئلہ، کشیدگی یا اُلجھن کو کلیسیا کے پاس لے کر جانا چاہیئے؟ سنیں کہ پولس رسول درج ذیل کلام کے حصہ میں کیا بیان کرتے ہیں۔

''کیا تم نہیں جانتے کہ ہم فرشتوں کا انصاف کریں گے؟ تو کیا ہم دنیوی معاملے فیصل نہ کریں؟ پس اگر تم میں دنیوی مقدمے ہوں تو کیا اُن کو منصف مقرر کرو گے جو کلیسیا میں حقیر سمجھے جاتے ہیں۔'' ﴿1 کرنتھیوں 6:2-4﴾

خدا نے کلیسیا کو یہ اختیار دیا ہے کہ بھائیوں بہنوں کے درمیان پیدا ہونے والے مقدمات کا فیصلہ کرے۔ جب اعمال کی کتاب میں ختنہ کے تعلق سے جھگڑا پیدا ہوا، تو مقامی کلیسیا نے پولس اور برنباس کو انطاکیہ کی کلیسیا میں کلیسیائی رہنماؤں کا فیصلہ سننے

کیلئے بھیجا۔

''پھر بعض لوگ یہودیہ سے آ کر بھائیوں کو تعلیم دینے لگے کہ اگر موسیٰ کی شریعت کے موافق تمہارا ختنہ نہ ہو تو تم نجات نہیں پا سکتے۔ پس جب پولس اور برنباس کی اُن سے بہت تکرار اور بحث ہوئی تو کلیسیا نے یہ ٹھہرایا کہ پولس اور برنباس اور اُن میں سے چند اور شخص اِس مسئلہ کے لئے رسولوں اور بزرگوں کے پاس یروشلیم جائیں۔'' ﴿اعمال 15:1-2﴾

خروج کی کتاب 15:1-2 ہمیں بتاتی ہے کہ مردِ خدا موسیٰ خدا کا نمائندہ ہونے کی حیثیت سے صبح سے شام تک بیٹھ کر لوگوں کے مقدمات سن کر فیصلہ سنایا کرتا تھا۔ خدا نے رہنماؤں کو خاص اختیار بخشا ہے کہ وہ اُس کی طرف سے کام کریں۔ خدا کا بندہ یعقوب ہمیں بتاتا ہے کہ معافی اور شفا کے لئے خدا کلیسیا کے بزرگوں کی دُعا کو سنے گا۔

''اگر تم میں کوئی بیمار ہو تو کلیسیا کے بزرگوں کو بلائے اور وہ خداوند کے نام سے اُس کو تیل مل کر اُس کے لئے دُعا کریں۔ جو دُعا ایمان کے ساتھ ہوگی، اُس کے باعث بیمار بچ جائیگا۔ اور خداوند اسے اُٹھا کھڑا کرے گا۔ اور اگر اُس نے گناہ کئے ہوں تو اُن کی بھی معافی ہو جائے گی۔'' ﴿یعقوب 5:14-15﴾

خداوند یسوع مسیح نے متی رسول کی معرفت لکھی گئی انجیل میں کلیسیا کے تعلق سے یقین دہانی کرائی کہ جو کچھ کلیسیا زمین پر باندھے گی آسمان پر باندھا جائے گا۔ اور جو کچھ کلیسیا زمین پر کھولے گی آسمان پر کھولا جائے گا۔ بالفاظ دیگر، خدا کلیسیا کے فیصلے کو بڑی سنجیدگی

سے لیتا ہے۔

''میں تم سے سچ کہتا ہوں کہ جو کچھ تم زمین پر باندھو گے وہ آسمان پر بندھے گا۔اور جو کچھ تم زمین پر کھولو گے وہ آسمان پر کھلے گا۔'' ﴿متی 18:18﴾

بطور ایک دادا میں اپنے پوتے کو وقتاً فوقتاً یہ موقع دیتا رہتا ہوں کہ وہ اپنے آپ کو ذہنی طور پر تیار کرے اور اپنے طور پر کچھ فیصلہ جات کرے۔ بس اِس بات کا خیال رہے کہ اُس کا کوئی فیصلہ میری لئے ذہنی کرب کا باعث نہ ہو۔ میں اُس کے فیصلہ کا احترام کرتا ہوں۔

خدا کا روّیہ بھی ہمارے فیصلوں کے تعلق سے بالکل ایسا ہی ہوتا ہے۔خدا نے کلیسیا کو فیصلہ کرنے کا اختیار دیا ہے اور پھر جو کچھ کلیسیا بہتر سمجھتے ہوئے فیصلہ کرتی ہے خدا اُس انتخاب کا احترام کرتا ہے۔کلیسیا اُس کی طرف سے ایک نمائندہ کے طور پر کام کرتی ہے اور خدا یہ توقع کرتا ہے کہ ہم اُس کے نام سے کئے جانے والے فیصلوں کا احترام کرتے ہوئے اُن کے تابع ہو جائیں۔

جب یوسف کو ملکِ مصر کا حکمران بنایا گیا، فرعون نے اپنی انگوٹھی لے کر اُسے یوسف کی اُنگلی میں پہنا دیا۔ایسا کرنے سے فرعون یہ کہہ رہا تھا کہ اُس نے یوسف پر اعتماد کیا ہے کہ وہ درست فیصلے کرے گا۔فرعون نے یوسف کو اپنا مقام اور عہدہ نہیں دیا تھا کہ وہ ملکِ مصر کا سب سے اعلیٰ ترین حکمران ہو بلکہ صرف اُسے اختیار دیا تھا کہ وہ اُس کی طرف سے کام کرے۔

یوسف اپنے فیصلوں کے لئے فرعون کو جواب دہ تھا، اُس کے فیصلوں کو اِسی طرح عزت

کی نگاہ سے دیکھا جاتا تھا گویا کہ یہ فیصلے فرعون نے از خود کیئے ہیں۔ایسا ہی اختیار خدا نے کلیسیا کو بھی دیا ہے۔ہم اُس کے نمائندگان ہوتے ہوئے اُس کے حضور جواب دہ ہیں۔لیکن ہمیں اِس دُنیا میں اُس کی طرف سے اُس کے دیئے ہوئے اختیار کے مطابق اُس کے لئے کام کرنا ہے۔خداوند یسوع نے تو یہاں تک کہاں ہے کہ اگر ہم اُس پر ایمان رکھتے ہیں تو جو کچھ ہم اُس کے نام سے چاہیں گے وہ کرے گا۔

''اور جو کچھ تم میرے نام سے چاہو گے، میں وہی کروں گا تا کہ باپ بیٹے میں جلال پائے۔اگر میرے نام سے مجھ سے کچھ چاہو گے تو میں وہی کروں گا۔''

﴿یوحنا14:13-14﴾

جب ہم اپنے بھائی کو کلیسیا میں لے کر آتے ہیں تو سمجھیں کہ ہم دُنیا میں اعلیٰ ترین عدالت میں آتے ہیں۔کلیسیا جو خدا کی نمائندہ ہے، خدا نے اُس کو یہ توفیق دے رکھی ہے کہ وہ ایسے فیصلے کرے جن کی خدا کے حضور بھی بڑی قدر ہے۔ہمارے بھائی کے ساتھ ہماری چپقلش کے تعلق سے کلیسیائی قیادت کا کیا کردار ہوسکتا ہے؟ میں یہاں پر کچھ اور اہم نکات بھی پیش کرنا چاہوں گا۔

''ان دنوں اسرائیل میں کوئی بادشاہ نہ تھا اور ہر شخص جو کچھ اُس کی نظر میں اچھا معلوم ہوتا وہی کرتا تھا۔'' ﴿قضاۃ 6:17﴾ تصور کریں کہ اگر ہر شخص وہی کرنا شروع کردے جو کچھ اُسے اچھا لگتا ہے تو کیسی بڑی مشکل پیدا ہو جائے گی؟ کلیسیائی قیادت کی ذمہ داری یہ ہے کہ وہ کلیسیائی مفاد میں خدا کی نمائندہ ہوتے ہوئے اپنا کردار ادا کرے۔اِس سے

اُلجھنوں اور ہر طرح کی کشمش اور چپقلش سے بچا جا سکتا ہے۔

دوسری بات۔کلیسیائی قیادت کی ذمہ داری ہے کہ وہ ہمارے بھائی کے ساتھ چلنے والی کشمکش اور چپقلش کا جائزہ لے اور اِس بات کو بھی مدِنظر رکھے کہ اب تک اُس معاملہ کے حل کے لئے کیا کچھ کیا جا چکا ہے۔اِس میں شکایت اور گواہوں کی رپورٹ سننا شامل ہے۔تیسری بات۔کلیسیا کی طرف سے کام کرتے ہوئے، ہمارے بھائی کی بھی سنیں اور دیکھیں کہ وہ اپنے دفاع میں کیا کہتا ہے۔اِس سے اُنہیں اُس کی بات سننے کا موقع ملے گا اور پھر معاملہ کے بارے میں باضابطہ اور بااختیار کچھ کہنے کا بھی موقع ملے گا۔

آخری بات،کلیسیائی قیادت ہر ایک چیز کا بغور جائزہ لینے کے بعد، معاملہ کے بارے میں ایک واجب فیصلہ سناتی ہے۔جیسا کہ ہم پہلے ہی کہہ چکے ہیں کہ کلیسیائی قیادت کی جانب سے کیا گیا فیصلہ خدا کے حضور بہت قدر و منزلت رکھتا ہے خدا اُس کو سنجیدگی سے لے گا اور ہمارے بھائی کو فیصلہ نہ ماننے یا کسی طرح کی مزاحمت کرنے پر اُس کا احتساب کرے گا۔ہمارے لئے یہ جاننا بہت اہم ہے کہ جب تک معاملہ کلیسیائی قیادت کے سامنے نہ لایا جائے کوئی فیصلہ نہ سنایا جائے۔کلیسیائی قیادت ہی نے آخری فیصلہ سنانا ہے/ آخری موقع پر بھی ہمارے بھائی کو موقع دیا جاتا ہے کہ وہ توبہ کرکے۔اپنے گناہ سے پھرے۔بھائی کو کلیسیا میں لانے کا مقصد اُس کی عدالت کرنا یا اُس پر الزام لگانا نہیں بلکہ اُس کا مقصد اُسے کلیسیا اور خدا کی رفاقت میں بحال کرنا ہے۔کلیسیا کی نہ سننے کی صورت میں ہی قیادت باضابطہ طور پر کوئی ضروری قدم اُٹھا سکتی ہے۔

چند غور طلب باتیں

☆۔کلیسیا کو کب اور کیسے اپنے کسی بھائی یا بہن کو اس کی غلطی کے بارے مطلع کرنا چاہیئے؟

☆۔ہمیں جو مسئلہ اپنے بھائی کے ساتھ درپیش ہے، اُس میں کلیسیا کو کیا اور کہاں تک فیصلہ کرنے کا اختیار حاصل ہے؟ یہ کیوں کر اہم ہے کہ ہم کلیسیائی رہنماؤں کے فیصلوں کا احترام کریں؟

☆۔ہمیں جو مسئلہ اپنے بھائی کے ساتھ درپیش ہے، اُس کو سلجھانے میں کلیسیا کا کیا کردار ہوسکتا ہے یا کلیسیا کس طرح سے معاون ثابت ہوسکتی ہے؟

چند دُعائیہ نکات

☆۔خدا کا شکریہ ادا کریں کہ اُس نے اِس زمین پر ہمیں ایک کلیسیا دے رکھی ہے جو ہمارے اور ہمارے بھائی بہنوں کے مقدمات فیصل کرسکتی ہے۔

☆۔خدا سے اُس وقت کے لئے معافی مانگیں جب آپ نے کلیسیائی قیادت کا احترام نہ کیا جو کہ اُس کی طرف سے ایک نمائندہ ہے؟

☆۔کچھ لمحات کے لئے اپنی کلیسیائی قیادت کے لئے دُعا کریں۔خدا سے اُن کے لئے حکمت اور دانائی مانگیں تا کہ وہ درست اور مناسب فیصلے کرسکے۔

باب 6

اگر وہ کلیسیا کی سننے سے بھی انکار کرے

''اگر وہ کلیسیا کی سننے سے بھی انکار کرے۔'' ﴿متی 18:17﴾

پچھلے باب میں ہم نے مسئلے کا شکار بھائی کی اُلجھن کو سلجھانے کے لئے کلیسیا کی ذمہ داری کو دیکھا۔ اِس مقام تک ہمارے بھائی کے پاس توبہ کرنے اور گناہ کی نوعیت کو سمجھنے کے لئے بہت سے مواقع موجود ہوتے ہیں۔ ہم نے علیحدگی میں شخصی طور پر بھی اُس کے ساتھ بات چیت کی ہے۔ جب اِس سے مسئلہ حل نہ ہوا تو پھر ہم دو گواہوں کو اپنے ساتھ لائے جنہوں نے وقت نکال کر اُس سے بات چیت کی۔

اُسے تعلیم دی اور اُسے اُس کی غلطی اور گناہ کے تعلق سے آگاہ کیا۔ اُنہوں نے ہماری فکر کو سمجھا، جب معاملہ نہ سلجھا تو پھر اُسے اگلی سطح پر کلیسیا تک لے جایا گیا۔ اَب کلیسیائی رہنماؤں نے اُس سے بات چیت کر کے معاملے کا جائزہ لیا ہے۔ اِس بات پر بھی غور کریں کہ یہ سب کچھ کرنے کے باوجود امکان غالب ہے کہ ہمارا بھائی اب بھی سننے سے انکار کر دے۔

یہ میرا شخصی تجربہ ہے کہ اِس وقت تک نوبت یہ آسکتی ہے کہ متعلقہ بھائی کلیسیا ہی چھوڑ کر چلا جائے۔ اِس کی کئی ایک وجوہات ہوسکتی ہیں۔ میں اُن میں سے چند ایک کا یہاں پر

ذکر کرنا چاہوں گا۔

پہلی بات، بھائی صاحب دل کی سختی کے سبب بھی کلیسیا چھوڑ کر جا سکتے ہیں۔ یا پھر یوں بھی کہہ سکتے ہیں کہ وہ اِس بات کے لئے تیار ہی نہیں کہ اُس نے کوئی غلط کام کیا ہے یا پھر وہ اپنے گناہ کو چھوڑنے کے لئے بالکل تیار ہی نہ ہو۔ دل کی یہ سختی اُس کی زندگی میں موجود تکبر کی وجہ سے بھی ہو سکتی ہے۔

وہ کلیسیائی مشورت کو اِس لئے بھی ردکر رہا ہے کیوں کہ اُسے اپنے گناہ سے پیار ہے اور وہ اُسی میں زندگی بسر کرنا چاہتا ہے۔ اِس بات کو محسوس کرتے ہوئے کہ اُس کے گناہ کو کلیسیا میں قبول نہیں کیا جائے گا، وہ کوئی نہ کوئی فیصلہ کرنے پر مجبور ہو جاتا ہے۔ وہ سوچنے پر مجبور ہو جاتا ہے کہ آیا وہ توبہ کر کے اپنا گناہ ترک کرے یا پھر کلیسیا ہی چھوڑ دے، اِس کشمکش میں وہ کلیسیا کو الوداع کہنے کو ترجیح دیتا ہے۔

اِس مقام پر کوئی بھائی یا بہن احساسِ بے وفائی کی وجہ سے بھی جا سکتا ہے۔ ہو سکتا ہے کہ ہمارے بھائی نے ہمارے ساتھ کلیسیا میں کئی سالوں سے ایک ساتھ پرورش پائی ہو اور اُس کے مختلف لوگوں کے ساتھ بڑے گہرے اور دوستانہ تعلقات استوار ہو گئے ہوں۔ جب اُسے اِس گناہ کا سامنا کرنا پڑے تو وہ محسوس کرے کہ اُس کے اپنے ہی خاندان اور دوستوں نے اُس کے خلاف محاذ کھڑا کر لیا ہے۔ ایسا ہونے کے امکانات موجود ہیں، لیکن اِس کا انحصار اِس بات پر ہے کہ کسی معاملہ کو کس طرح لیا جاتا ہے یا اُس کے حل کے لئے کیسا لائحہ عمل اختیار کیا جاتا ہے۔ ہو سکتا ہے کہ معاملے کو سلجھانے والوں

نے محبت اور قبولیت کے احساس کے بغیر ہی بھائی کے ساتھ پوچھ گچھ کا سلسلہ جاری رکھا ہو۔

ہوسکتا ہے کہ وہ گناہ کو اُس بھائی سے الگ کر کے اُس سے اُس کے گناہ کے بارے میں بات چیت کرنے میں ناکام رہے ہوں۔ ہوسکتا ہے کہ اُنہوں نے سخت روّیہ کے ساتھ بات چیت کی ہو، جس سے اُسے یہ احساس ہوا ہو کہ اُس کے دوست ہی اب اُس کے دشمن بن گئے ہیں۔ شاید وہ یہ سوچنے پہ مجبور ہو گیا ہو کہ اَب اِس کلیسیا کو چھوڑ کر جانے کے سوا اور کوئی چارہ نہیں ہے۔

ایک اور وجہ سے بھی ایک بھائی کلیسیا کو چھوڑنے پر مجبور ہوسکتا ہے، وہ ہے احساسِ شرم و رسوائی۔ ممکن ہے کہ وہ محسوس کرے کہ اب گناہ کا راز فاش ہو گیا ہے اور اب یہ سب کے علم میں آچکا ہے۔ جب وہ کلیسیا میں آتا ہے تو وہ یہی سوچتا رہتا ہے کہ لوگ اُس کے بارے میں کیا سوچ رہے ہوں گے۔ وہ اِس قدر پریشان اور احساسِ شرم کے نیچے دب جاتا ہے کہ لوگوں کو معلوم ہو چکا ہے کہ اُس نے یہ گناہ کیا ہے، اِس لئے وہ کلیسیا چھوڑ کر ہی چلا جاتا ہے۔

بعض لوگ سمجھتے ہیں کہ شرم و رسوائی اُس کی تربیت کا حصہ ہے۔ وہ سمجھتے ہیں کہ اُس کے گناہ کو سرِعام لوگوں میں ظاہر کرنا اُس کی بحالی کا حصہ ہے۔ ایسے لوگوں کو عوام میں شرم و رسوائی محسوس کرنے اور روح القدس کی طرف سے گناہ کی قائلیت کے بارے میں فرق کا علم نہیں ہوتا۔ روح کی قائلیت کسی کو عوام میں رسوا کرنا نہیں ہوتی۔ روح کی قائلیت کا

مقصد اُسے گناہ کے بارے میں آگاہ کرنا اور اُسے بحال کرنا ہوتا ہے۔ عوامی سطح پر رسوائی اور پریشانی اور زیادہ دُکھ اور پریشانی پیدا کرتی ہے اور شفا کے عمل میں رکاوٹ کا باعث ہوتی ہے۔ میں پھر یہی کہنا چاہوں گا کہ ہم اپنے بھائی کا احترام کریں اور کوئی ایسا کام نہ کریں جو اُس کے لئے عوام میں شرمندگی اور رسوائی کا باعث ہو اور اُس کے لئے مزید دُکھ اور تکلیف کا سبب ہو۔

کیوں کہ ہمارا مقصد اُس کی شفا اور بحالی ہونا چاہئے، کوئی اور مقصد اور محرک مسیح کی تعلیم کے منافی ہے۔ چوتھی وجہ کہ کیوں ہمارا بھائی کلیسیا چھوڑ کر جا سکتا ہے، کیوں کہ اب وہ سمجھتا ہے کہ جو اختلافات پیدا ہو چکے ہیں کوئی امکان نہیں کہ وہ ختم ہوں اور صلح اور میل ملاپ کی فضا پیدا ہو سکے۔ بالفاظ دیگر ہو سکتا ہے کہ کلیسیا نے گناہ کی جو وضاحت اور تشریح کی ہے وہ اُسکے ساتھ متفق ہی نہ ہو۔

تصور کریں کہ ہمارا بھائی کسی ایسی کلیسیا میں عبادت کرنے جاتا ہے جو یہ سمجھتی ہے کہ فلم یا تھیٹر دیکھنے جانا گناہ ہے۔ ہو سکتا ہے کہ جس گناہ کا ذکر کیا جا رہا ہے وہ ایمانداروں میں ایک قابلِ بحث موضوع ہو۔ ہو سکتا ہے کہ ہمارا بھائی گناہ کی اِس تشریح پر ہمارے ساتھ متفق نہ ہو۔ اور چرچ میں رہ کر کام کرتے ہوئے اُسے مشکل پیش آئے۔ اختلاف ایسا بھی ہو سکتا ہے کہ باہم مل کر کام کرنا مشکل ہو جائے۔ پھر ہوتا یہ ہے کہ وہ بھائی ایسی کلیسیا کی تلاش کرتا ہے جو اُس کی ہم خیال ہو اور شخصی طور پر اُس کے اعتقادات کے ساتھ اتفاق کرتی ہو۔

آخری بات، ہوسکتا ہے کہ ہمارا بھائی اِس لئے بھی کلیسیا کو چھوڑ کر چلا جائے کیوں کہ اب وہ سمجھتا ہے کہ وہ اپنا اعتماد کھو بیٹھا ہے۔ خاص طور پر جو لوگ قیادت کی ذمہ داریاں سنبھالے ہوتے ہیں اُنہیں اِس طرح کی سوچ کا کافی دباؤ محسوس ہوتا ہے۔ اِس اعتماد کے کھو جانے کا نقصان اِس قدر زیادہ ہوتا ہے کہ وہ سمجھنے لگتا ہے کہ اب وہ اُس کلیسیا میں کام نہیں کرسکتا۔ جب وہ کھڑا ہو کر کلیسیا سے مخاطب ہوتا ہے تو لوگ اَب اُسے فرق انداز سے دیکھتے ہیں۔ وہ اُسے گناہ میں گرا ہوا شخص کے طور پر دیکھتے ہیں۔ اور اب اُس پر اعتماد بھی نہیں کرتے۔ کئی دفعہ لوگ کسی کا ماضی اتنی آسانی اور جلدی نہیں بھولتے جتنا جلدی بھولنا چاہیئے۔ کئی دفعہ لوگ اِس بات پر ایمان لانے کے لئے تیار ہی نہیں ہوتے کہ خدا کسی گرے ہوئے شخص کو بھی استعمال کرنا چاہتا ہے اور وہ ایسا کرسکتا ہے۔ ہوسکتا ہے کہ نوبت یہاں تک پہنچ جائے کہ وہ بھائی اب کسی اور کلیسیا کو تلاش کرنے پر مجبور ہو جائے جہاں وہ اپنی خدمت کا سلسلہ جاری رکھ سکے اور جہاں لوگ اُسے ایک گرے ہوئے شخص کے طور پر نہ دیکھیں۔

17 آیت میں غور کریں کہ خداوند یسوع مسیح یہ کہتے ہیں کہ ''اگر وہ کلیسیا کی سننے سے بھی انکار کرے،'' لفظ ''اگر'' بہت اہم ہے۔ کسی بھائی یا گواہ کی نہ سننا ایک بات ہے جبکہ کلیسیا کی نہ سننا ایک الگ بات ہے۔ خدا نے کلیسیا کو ایسے معاملات و مقدمات سلجھانے یا فیصلہ کرنے کے لئے خاص اختیار دیا ہے۔ بائبل مقدس ہمیں تعلیم دیتی ہے کہ ہم خدا کی طرف سے قائم اور مقرر کردہ رہنماؤں کی عزت و تعظیم کریں۔

یہ کہنے کے بعد ہمیں اِس بات کو بھی محسوس کرنا چاہئے کہ کچھ ایسے اوقات بھی ہو سکتے ہیں جب ہمارے بھائی

کو کلیسیائی رہنماؤں کے ساتھ جائز اختلافات ہوتے ہیں۔ کلیسیا نے پولس رسول کو اِس بات کے لئے اُبھارا کہ وہ یروشلیم کو نہ جائے۔ لیکن وہ روح القدس کی قائلیت کے سبب سے جانے کے لئے سو فیصد تیار تھا ﴿اعمال 10,6-4:21﴾ پس اُس نے نبیوں اور کلیسیا کی اِس مشورت کو قبول کرنے سے انکار کر دیا جسے وہ پولس رسول کے لئے خدا کی مرضی سمجھتے تھے۔

''اپنے پیشواؤں کے فرمانبردار اور تابع رہو۔ کیوں کہ وہ تمہاری روحوں کے فائدہ کے لئے اُن کی طرح جاگتے رہتے ہیں جنہیں حساب دینا پڑے گا۔ تا کہ وہ خوشی سے یہ کام کریں نہ کہ رنج سے کیوں کہ اِس صورت میں تمہیں کچھ فائدہ نہیں۔ ﴿عبرانیوں 17:13﴾

کلیسیائی رہنما کامل نہیں ہوتے، بعض اوقات جو معاملات اُن کے پاس لائے جاتے ہیں، امکانِ غالب ہے کہ وہ اُنہیں پورے طور پر نہ سمجھ پائیں یا اُن کے تعلق سے مناسب اور واجب اقدام نہ کر سکیں۔ کئی دفعہ یہ بھی ہو سکتا ہے کہ وہ کسی بھائی یا بہن کے معاملہ کو سلجھاتے ہوئے از خود گناہ میں گر جائیں اور ایسی باتیں کہہ ڈالیں جو اُن کے لئے دُکھ کا باعث ہوں۔ اگر ایسا ہو جائے کہ معاملے کو سلجھانے والے از خود گناہ میں گر جائیں تو اُس بھائی کو کیا کرنا چاہئے جو الزامات کی زد میں ہے؟ اِس صورتحال میں ایسے بھائی کو

متعلقہ رہنماؤں تک رسائی حاصل کر کے اُن کی کاروائی کے تعلق سے علیحدگی سے بات کرنی چاہیئے۔اور اِس لائحہ عمل کو اختیار کرے جو یسوع مسیح نے متی کی انجیل میں بتایا ہے یعنی وہ موضوع جس پر ہم اِس کتاب میں بحث کر رہے ہیں۔ ہمارے لئے یہ جاننا کس قدر اہم ہے کہ اگر چہ کلیسیائی رہنما کامل نہیں تو بھی اُنہیں خدا کی طرف سے یہ ذمہ داری اور اختیار دیا گیا ہے کہ وہ ہم ایمان لوگوں کے درمیان اُٹھنے والے مسائل، کشیدگیوں اور جھگڑوں کو فیصل کریں۔خدا کی طرف سے مقرر اور قائم کردہ قیادت کی توہین کرنا ایک سنجیدہ معاملہ ہے۔ خدا ہم سے یہ توقع کرتا ہے کہ ہم اُن کی مشورت اور صلاح کاری کو قبول کریں اور جو کچھ خدا ہم سے تقاضا کریں اُس کے تعلق سے وہ ہمیں ذمہ دار ٹھہراتا ہے۔ اِس کا مطلب یہ ہے کہ ہمیں بوقت ضرورت فروتنی کا روّیہ اختیار کرتے ہوئے اپنے گناہ کا سامنا کرنا ہوگا۔ یہ کہنے کے بعد میں یہ بھی کہنا چاہوں گا کہ کلیسیائی قیادت خدا کی نمائندہ ہوتے ہوئے اُس کے حضور جواب دہ ہے۔

اِس لئے جو معاملات اُن کے سامنے پیش کئے جائیں، اُن کا فیصلہ کرنے یا سلجھانے میں بڑا محتاط روّیہ اختیار کریں۔ خدا یہ توقع کرتا ہے کہ وہ اپنے بھائی یا بہن کا احترام کریں۔ اِس موضوع پر حزقی ایل کی کتاب سے بڑھ کر کوئی زبردست اور مؤثر حوالہ موجود نہیں ہے۔

''اور خداوند کا کلام مجھ پر نازل ہوا کہ اَے آدمزاد اسرائیل کے چرواہوں کے خلاف نبوت کر۔ ہاں نبوت کر اور اُن سے کہہ خداوند یوں فرماتا ہے کہ اسرائیل کے چرواہوں

پر افسوس جو اپنا ہی پیٹ بھرتے ہیں۔کیا چرواہوں کو مناسب نہیں کہ بھیڑوں کو چرائیں۔تم چکنائی کھاتے اوراون پہنتے ہو۔اور جوفربہ ہیں اُن کوذبح کرتے ہولیکن گلہ نہیں چراتے۔تم نے کمزوروں کوتوانائی اور بیماروں کوشفانہیں دی اورٹوٹے ہوئے کونہیں باندھااور جونکال دیئے گئے اُن کو واپس نہیں لائے اور گم شدہ کی تلاش نہیں کی۔بلکہ زبردستی اورسختی سے اُن پرحکومت کی۔اور وہ تتر بتر ہو گئے۔کیوں کہ کوئی پاسبان نہ تھا۔اور وہ پراگندہ ہوکر میدان کے سب درندوں کی خوراک ہوئے۔میری بھیڑیں تمام پہاڑوں پر اور ہرایک اونچے ٹیلے پر بھٹکتی پھرتی تھیں۔ہاں میری بھیڑیں تمام روی زمین پر تتر بتر ہوگئیں۔اورکسی نے اُن کو نہ ڈھونڈ، نہ اُن کی تلاش کی۔اِس لئے اَے پاسبانو! خداوندکا کلام سنو۔

’’خداوندیوں فرماتا ہے مجھے اپنی حیات کی قسم چونکہ میری بھیڑیں شکار ہوگئیں۔ہاں میری بھیڑیں ہرایک دشتی درندہ کی خوراک ہوئیں۔کیوں کہ کوئی پاسبان نہ تھا۔اور میرے پاسبانو! نے میری بھیڑوں کو نہ چرایا۔اِس لئے اَے پاسبانو! خداوند کا کلام سنو۔خداوند خدایوں فرماتا ہے کہ دیکھ میں چرواہوں کا مخالف ہوں اوراپنا گلہ اُن کے ہاتھ سےطلب کروں گااوراُن کوگلہ بانی سے معزول کروں گااور چرواہےآیندہ کواپنا پیٹ نہ بھرسکیں گے کیوں کہ میں اپنا گلہ اُن کے منہ سے چھڑالوں گا تاکہ اُن کی خوراک نہ ہو۔‘‘ ﴿حزقی ایل 34:1-10﴾

درج بالا کلام کے حصہ میں خداوندا پنے لوگوں کے چرواہوں پر بھیڑوں کو پراگندہ کرنے

کا الزام لگاتا ہے۔ یہاں پر چرواہوں کو صرف اپنی فکر تھی۔ اُنہوں نے خدا کے لوگوں کی نگہبانی میں احتیاط سے کام نہیں لیا۔ اُنہوں نے اُن کے ساتھ بدسلوکی کی اور اُن سے بڑا درشت روّیہ اپنایا۔ خدا کے لوگوں کے ساتھ ایسا سلوک اور روّیہ اپنانے پر خدا اُن کی عدالت کرے گا۔ وہ اختیار جو خدا نے اپنے لوگوں کو کلیسیا میں دیا ہوا ہے، اُس کے ساتھ ایک زبردست احتساب بھی موجود ہے۔

ہماری ذمہ داری ہے کہ ہم محتاط روّیہ اپناتے ہوئے، خدا کے لوگوں کی دیکھ بھال کریں، اُن کی شفا اور بحالی کے لئے ہر ممکن طریقے سے کوشاں رہیں۔ خدا کا قطعاً یہ ارادہ نہیں کہ اُس کی بھیڑوں میں سے کوئی ایک بھی کھو جائے۔ وہ ہر اُس بھیڑ کے لئے رہنماؤں کو ذمہ دار ٹھہرائے گا جس کی مناسب طور پر پرورش نہیں کی گئی۔

کلیسیا کو بھیڑوں کے لئے ایک محفوظ مقام ہونا چاہئے۔ بھیڑوں کو یہ جاننے کی ضرورت ہے کہ وہ اپنے لئے تحفظ اور نگہبانی کے لئے اپنے چرواہے پر بھروسہ کر سکتی ہیں۔ یہ رہنما کی ذمہ داری ہے کہ بھیڑوں کے لئے محفوظ اور صحت مند ماحول کا اہتمام کرے تا کہ وہ اپنی بحالی کے لئے کلیسیا میں رہتے ہوئے، بڑا پرسکون اور آرام دہ محسوس کریں۔

چند غور طلب باتیں

☆۔بحالی کے اِس سارے عمل کے دوران کیوں لوگ کلیسیا چھوڑ جاتے ہیں، وجوہات بیان کریں۔اِس سے اجتناب کیلئے کون سے اقدام کئے جاسکتے ہیں؟

☆۔گناہ کیا ہے؟ کیا یہ ممکن ہے کہ اِس موضوع پر اپنے بھائی کے ساتھ ہمارا ایک جائز تضاد یا فرق ہو؟ کچھ مثالیں پیش کریں۔

☆۔کلیسیا کی سننا کیوں ضروری ہے؟ کون سی چیزیں بعض اوقات اِس کام کو مشکل بنا دیتی ہیں؟

☆۔اپنے ممبران کے حوالہ سے کلیسیائی قیادت کی کیا ذمہ داری ہے؟ کس طرح ایک روحانی چرواہے کا رویّہ اور سلوک کلیسیا کے حوالہ سے ملزم بھائی کے ردِعمل میں تبدیلی پیدا کرسکتا ہے؟

☆۔ایک بھائی کو محبت اور قبول کرنے اور اُس کے گناہ آلودہ روّیے کو قبول کرنے میں کیا فرق ہے؟ یہ کس قدر اہم ہے کہ ہم اِن میں امتیاز کرنا سیکھیں۔

چند دُعائیہ نکات

☆۔ کیا آپ کی کلیسیا میں کوئی ایسا بھائی یا بہن ہے جو کسی بات کے تعلق سے اندرونی کشمکش کا شکار ہے؟

کچھ لمحات کے لئے اُن کیلئے دُعا کریں۔ خدا سے کہیں کہ وہ آپ کی رہنمائی کرے کہ آپ ایسے بھائی یا بہن کے لئے کس طرح محبت یا قبولیت کا مظاہرہ کر سکتے ہیں؟

☆۔ اُن رہنماؤں کے لئے خدا کے شکر گزار ہوں جو اُس نے آپ پر مقرر کر رکھے ہیں۔ خداوند سے دُعا کریں کہ وہ اُنہیں اور زیادہ فضل، حکمت اور ترس سے بھر دے جب وہ بھیڑوں کی نگہبانی کرتے ہیں۔

☆۔ خداوند سے دُعا کریں کہ وہ آپ کو اور زیادہ فروتنی اور فضل دے تاکہ آپ کلیسیا میں مقرر قیادت کے تابع ہو جائیں۔

باب 7

اُسے غیر قوم والے اور محصول لینے والے کے برابر جان

"اگر وہ کلیسیا کی سننے سے بھی انکار....... اُسے غیر قوم والے اور محصول لینے والے کے برابر جان۔" ﴿متی 18:17﴾

جب ہم غور و فکر کے اختتام کی طرف بڑھ رہے ہیں، خداوند یسوع مسیح نے کہا ہے کہ "اگر تیرا بھائی کلیسیا کی سننے سے بھی انکار کرے تو اُسے غیر قوم اور محصول لینے والے کے برابر جانیں۔" جب ہم خداوند یسوع مسیح کی تعلیم کا جائزہ لے رہیں ہے تو آئیں غور کریں کہ یہ محصول لینے والے اور غیر قوم کون تھے۔

غیر قومیں اِس طور سے زندگی بسر کرتی ہیں کہ گویا خدا کا کوئی وجود ہی نہیں ہے۔ اُنہوں نے اپنی زندگیوں سے خدا کو بالکل الگ کر دیا ہے۔ اور خدا اور اُس کے تقاضوں کے تعلق سے کسی قسم کی سوچ و بچار اپنے اوپر فرض نہیں سمجھتیں۔ محصول لینے والے دوسروں کی جائیداد اور املاک کو زبردستی ہتھیا لیتے تھے اور کسی کی پرواہ اور فکر اُنہیں بالکل نہیں ہوتی تھی۔ اُن کی ذمہ داری لوگوں سے ٹیکس لینا ہوتی تھی اور وہ اپنے آپ کو دولت مند بنانے کے لئے لوگوں سے دھوکہ دہی کرتے تھے۔ بہت سے لوگ دوسروں سے لوٹ مار کر کے دولت مند ہو گئے تھے۔ دوسروں کے لئے ترس، رحم اور ہمدری کا خیال تو نہ ہونے کے
. را. رتھا۔ وہ صرف اپنے. مارے میں سوچتے تھے۔

وہ بھائی جس نے کلیسیا کی تمام کاوشوں اور مشورت کو نظرانداز کر دیا ہے، جو اُس نے اُس کی بحالی کے لئے کیں، دراصل غیر قوموں اور محصول لینے والوں جیسا روّیہ اپنائے ہوئے ہے۔ اُس نے غیر قوموں اور محصول لینے والوں کی طرح خدا کے تقاضوں کو فراموش کر دیا ہے۔ اُس نے کلیسیائی قیادت اور کلیسیائی اراکین کو عزت کی نگاہ سے نہیں دیکھا۔ ہمیں ایک محصول لینے والے اور غیر قوم کے ساتھ کیسا سلوک کرنا چاہیئے؟ خداوند یسوع مسیح کی تعلیم کو بہتر طور پر سمجھنے کیلیئے، اِس بات کو سمجھنا اور اُس پر غور کرنا ضروری ہے کہ

اُس نے ازخود کس طرح اُن سے سلوک اختیار کیا اور اُن سے اُس کا روّیہ کیسا تھا۔ ہم متی کی انجیل سے شروع کر کے دیکھتے ہیں جہاں یسوع اپنے شاگردوں کا انتخاب کر رہا ہے۔

''یسوع نے وہاں سے آگے بڑھ کر متی نام ایک شخص کو محصول کی چوکی پر بیٹھے دیکھا اور اُس سے کہا میرے پیچھے ہو لے۔ وہ اُٹھ کر اُس کے پیچھے ہولیا۔ اور جب وہ گھر میں کھانا کھانے بیٹھا تو تو ایسا ہوا کہ بہت سے محصول لینے والے اور گناہگار آ کر یسوع اور اُس کے شاگردوں کے ساتھ کھانا کھانے بیٹھے۔ فریسیوں نے یہ دیکھ کر اُس کے شاگردوں سے کہا تمہارا اُستاد محصول لینے والوں اور گنہگاروں کے ساتھ کیوں کھاتا ہے۔ اُس نے یہ سن کر کہا کہ تندرستوں کو طبیب درکار نہیں بلکہ بیماروں کو۔'' ﴿متی 9:9-12﴾

متی محصول لینے والے کے تعلق سے خداوند یسوع مسیح کا ردِ عمل کیسا تھا؟ اُس نے اُسے کہا

کہ اُس کا شاگرد بننے کے لئے اُس کے پیچھے ہولے۔ وہ اُس کے ساتھ اُس کے گھر گیا، اُس کے ساتھ کھانا کھایا۔ خداوند یسوع مسیح کا یہ روّیہ اور قدم اُس دور کے مذہبی لوگوں کے لئے بڑا حیران کن اور تکلیف دہ تھا جو ایسے لوگوں سے کسی طرح کا تعلق اور واسطہ نہیں رکھنا چاہتے تھے۔ خداوند یسوع مسیح نے لوقا کی معرفت لکھی گئی انجیل میں ایک فریسی اور محصول لینے والے کے تعلق سے جو تمثیل بیان کی ہے اُس پر بھی غور کریں

''دو شخص ہیکل میں دُعا کرنے گئے۔ ایک فریسی، دوسرا محصول لینے والا۔ فریسی کھڑا ہو کر اپنے جی میں یوں دُعا کرنے لگا کہ اَے خدا! میں تیرا شکر کرتا ہوں کہ باقی آدمیوں کی طرح ظالم، بے انصاف، زناکار یا اِس محصول لینے والے کی مانند نہیں ہوں۔ میں ہفتہ میں دو بار روزہ رکھتا ہوں اور اپنی ساری آمدنی پر دہ یکی دیتا ہوں۔ لیکن محصول لینے والے نے دُور کھڑے ہو کر اتنا بھی نہ چاہا کہ آسمان کی طرف آنکھ اٹھائے۔''

﴿لوقا 18:10-14﴾

کیا یہ بات دلچسپی کی حامل نہیں ہے کہ خداوند یسوع مسیح نے اُس دوَر کے مذہبی رہنماؤں کا موازنہ کرتے

وقت ایک محصول لینے والے کو بہتر قرار دیا۔ اُس نے اُن میں وہ دیکھا جو عام لوگ نہیں دیکھ سکتے تھے۔ میرے خیال میں بائبل مقدس میں جس محصول لینے والا کا نمایاں ذکر پایا جاتا ہے وہ زکائی نام کا شخص ہے۔

جب اُسے معلوم ہوا کہ یسوع اُس کے علاقہ میں آیا ہوا ہے، زکائی اُس کی ایک جھلک

دیکھنے کیلئے درخت پر چڑھ گیا۔ جب خداوند یسوع مسیح اُس جگہ پر پہنچے جہاں پر زکائی درخت پر اُسے دیکھنے کیلئے چڑھا ہوا تھا۔ یسوع وہاں رُک گیا اور اوپر نگاہ کر کے اُس سے مخاطب ہوا۔ ''زکائی نیچے اتر آ، مجھے آج تیرے گھر جانا ضرور ہے۔'' جب زکائی نیچے اتر آیا تو خداوند یسوع اُس کے ساتھ اُس کے گھر گیا اور اُس کے ساتھ کھانا کھایا۔ خداوند نے شخصی طور پر اُس کے طرزِ زندگی اور طرزِ فکر کے بارے میں اُس سے بات چیت کی اور چیلنج پیش کیا کہ وہ اپنی زندگی میں تبدیلی پیدا کرے۔ زکائی نے بڑے پر جوش طریقہ سے اپنا ردِعمل ظاہر کیا اور اپنے گناہ سے توبہ کی۔

''ابن آدم کھاتا پیتا آیا اور وہ کہتے ہیں دیکھو کھاؤ اور شرابی آدمی۔ محصول لینے والوں اور گناہ گاروں کا یار! مگر حکمت اپنے کاموں سے راست ثابت ہوئی۔'' ﴿متی 19:11﴾

غیر قوموں کے تعلق سے کلیسیا کو دی گئی پطرس کی مشورت پر غور کریں۔

''اور غیر قوموں میں اپنا چال چلن نیک رکھو تاکہ جن باتوں میں وہ تمہیں بدکار جان کر تمہاری بدگوئی کرتے ہیں تمہارے نیک کاموں کو دیکھ کر اُنہی کے سبب سے ملاحظہ کے دن خدا کی تمجید کریں''۔ ﴿1 پطرس 12:2﴾

پطرس نے کلیسیا کو نصیحت کی کہ وہ غیر قوموں میں اپنا چال چلن اور طرزِ زندگی ایسا رکھیں کہ وہ اُن کی تعریف کرنے پر مجبور ہو جائیں۔

یہاں پر ہمارے دیکھنے کے لئے دو چیزیں ہیں۔ پطرس اِس بات پر ایمان رکھتا تھا کہ غیر

قو میں خدا کو جلال دینے کے مقام پر آ سکتی ہیں۔ دوسری بات، اُس نے ایمانداروں کو بلایا تاکہ وہ غیر قوموں کی خدا کی پہچان اور اُس کے عرفان میں بڑھنے میں اُن کی مدد کریں اور خدا کے جلال کا باعث ہوں۔

مقدس پولس رسول نے کرنتھس کی کلیسیا کو خط لکھتے ہوئے کلیسیا کو ایسے کاموں پر ملامت کی جو کام حتیٰ کہ غیر قومیں بھی نہیں کرتی تھیں﴿۔ 1 کرنتھیوں 5 : 1 کا مطالعہ کریں﴾ خدا نے کئی دفعہ اپنے لوگوں کو ایسا طرزِ زندگی اپنانے پر ملامت کی جو کہ اُن کے اردگرد بسنے والی قوموں سے بھی بدترین طرزِ زندگی ہوتا تھا۔ خداوند یسوع مسیح نے اِس بات کو بہت واضح کیا کہ اگر ہمیں اپنے کسی بھائی یا بہن پر الزام لگانا ہے تو پہلے ہم اپنے آپ کو پرکھیں۔

''تو کیوں اپنے بھائی کی آنکھ کے تنکے کو دیکھتا ہے اور اپنی آنکھ کے شہتیر پر غور نہیں کرتا؟ اور جب تیری ہی آنکھ میں شہتیر ہے تو تو اپنے بھائی سے کیوں کر کہہ سکتا ہے کہ لا تیری آنکھ میں سے تنکا نکال دوں؟ اَے ریاکار پہلے اپنی آنکھ میں سے تو شہتیر نکال، پھر اپنے بھائی کی آنکھ میں سے تنکے کو اچھی طرح دیکھ کر نکال سکے گا۔'' ﴿متی 7:3-5﴾

جو بات ایک بھائی کے لئے درست ہے وہ ایک غیر ایماندار کے لئے بھی سچ ہے۔ اُن پر کسی گناہ کا الزام لگانے سے پہلے ہمیں اپنے آپ کو جانچنے اور پرکھنے کی ضرورت ہے کہ ہم کس مقام پر کھڑے ہیں۔ کچھ ایسے لوگ بھی ہیں جنھوں نے متی کی انجیل میں سے کچھ ایسی تفسیر کی ہے کہ جو بھائی یا بہن توبہ نہ کرے، کلیسیا کی نہ سنے۔ اُس سے کوئی سروکار

نہیں رکھنا چاہئے، اُن سے دور ہی رہیں تو اچھا ہے۔ خداوند یسوع مسیح نے تو اپنے دور کے محصول لینے والوں اور غیر قوموں سے ایسا روّیہ نہیں اپنایا تھا۔ حقیقت تو یہ ہے کہ ہم اپنے قصوروار بھائیوں اور بہنوں کو غیر قوموں اور محصول لینے والوں سے بھی بدترین سمجھتے ہوئے اُن سے بُرا سلوک کرتے ہیں۔

جبکہ چاہئے تو یہ کہ ہم اِس اُمید کے ساتھ غیر قوموں کی بھی اپنے دوست بنائیں کہ وہ اُنہیں مسیح کے لئے جیتیں۔ نا کہ غیر تائب بھائی یا بہن سے پہلو تہی کریں۔ ہم اپنے کھوئے اور گرے ہوئے بھائی بہنوں کو واپس لانے، اُن کو بحال کرنے اور اُن کیلئے باعث برکت ہونے کے لئے ہر ممکن کوشش کر سکتے ہیں۔ ہم نے کئی بھیانک واقعات سنیں ہوں گے کہ کس طرح ایماندار اپنے قصوروار بھائی کے ساتھ بدسلوکی کرتے ہیں لیکن خداوند یسوع مسیح نے ایک منفرد طریقہ بتایا،

''خداوند یسوع مسیح نے محصول لینے والوں اور گناہ گاروں کے ساتھ دوستانہ تعلقات استوار کئے، اُن کے ساتھ کھایا پیا اور اُن سے بات چیت کی۔ اُس نے اُنہیں ایمان میں بحال کرنے کیلئے اُن کے ساتھ مل کر کام کیا۔ پطرس رسول بیان کرتے ہیں کہ غیر قوموں میں ہمارا چال چلن اور طرزِ زندگی ایسا ہونا چاہئے کہ ہم اُنہیں مسیح میں بحال کرنے کا سبب ٹھہریں۔ اِس موضوع پر ایک زبردست حوالہ دیکھیں جو اِس بات کو سمجھنے میں ہمارے لئے بڑا معاون ثابت ہوسکتا ہے۔

اُس نے اُن سے یہ تمثیل کہی کہ تم میں کون ایسا آدمی ہے جس کے پاس سو بھیڑیں ہوں

اور اُن میں سے ایک کھو جائے تو ننانوے کو بیابان میں چھوڑ کر اُس کھوئی ہوئی کو جب تک مل نہ جائے ڈھونڈتا نہ رہے؟ پھر جب مل جاتی ہے تو وہ خوش ہو کر اُسے کندھے پر اُٹھا لیتا ہے اور گھر پہنچ کر دوستوں اور پڑوسیوں کو بلاتا اور کہتا ہے۔ میرے ساتھ خوشی کرو۔ کیوں کہ میری کھوئی بھیڑ مل گئی۔ میں تم سے کہتا ہوں کہ اِس طرح ننانوے راستبازوں کی نسبت جو توبہ کی حاجت نہیں رکھتے ایک توبہ کرنے والے گنہگار کے باعث آسمان پر زیادہ خوشی ہوگی۔" ﴿لوقا 15:3-7﴾

کلامِ مقدس کا یہ ایک ایسا حصہ ہے جو دلوں کو چھونے والا ہے۔ اِس بات پر غور کریں کہ گلہ میں ایک سو بھیڑیں تھیں صرف ایک بھیڑ گم ہوئی۔ اُس بھیڑ کے تعلق سے چرواہے کا کیا روّیہ تھا جو گلہ سے باہر نکل کر گم ہو گئی تھی؟ تیسری آیت بتاتی ہے کہ وہ ننانوے کو چھوڑ کر کھیتوں کھلیانوں میں اُسے ڈھونڈنے کے لئے باہر نکل کھڑا ہوا۔ کھوئی ہوئی بھیڑ کے لئے ترجیح۔ وہ اُسے تلاش کر کے واپس لانے کی ہر ممکن کوشش کرے گا۔ کیا یہی وہ روّیہ نہیں جو ہمیں بھی اپنے کھوئے ہوئے بھائی کے لئے اختیار کرنا چاہیئے؟ بجائے اِس کے کہ ہم اُسے غیر قوم اور محصول لینے والے کی طرح اُس سے سلوک کرنا شروع کر دیں اور اُس کو بالکل ترک ہی کر ڈالیں۔ کیا ہمیں اُس کھوئے ہوئے بھائی کو واپس گلہ میں لانے کے لئے ہر ممکن کوشش نہیں کرنی چاہیئے؟

اپنے بھائی جو غیر قوم اور محصول لینے والے کے برابر جاننے کے لئے بہت کام درکار ہوتا ہے۔ اگر کوئی بھائی یا بہن خداوند سے دور کہیں گناہ کی دُنیا میں بھٹک گیا ہے تو اُسے

رفاقت میں بحال کرنے کی ضرورت ہے۔اُس بھائی کی ہرممکن مدد کے لئے ہرطرح کے وسیلہ کو بروئے کار لانا ہماری ذمہ داری ہے۔جس طرح کہ لوقا15 باب میں چرواہے نے کیا۔ہمیں اُس وقت تک ہمت نہیں ہارنی چاہیئے جب تک وہ بھائی خدا اور مسیح میں بھائیوں اور بہنوں کی رفاقت میں بحال نہ ہوجائے۔

اِس کے بعد کلامِ مقدس بیان کرتا ہے کہ گناہ کی زندگی میں پھنسے رہنے کے بھیانک نتائج بھی ہیں۔کچھ لمحات کے لئے اُن نتائج پر غور کریں۔عہدِ عتیق کے مطابق صرف بنی اسرائیل ہی عیدِ فسح منا سکتے تھے نا کہ غیراقوام۔

پھر خداوند نے موسیٰ اور ہارون سے کہا کہ فسح کی رسم یہ ہے کہ کوئی بیگانہ اُسے کھانے نہ پائے۔﴿خروج12:43﴾

بالکل اِسی طرح مقدس پولس رسول بھی ایمانداروں کو تنبیہ کرتا ہے کہ وہ اعشائے ربانی یا خداوند کی میز میں شمولیت سے قبل خود کو جانچیں اور پرکھیں۔"کیوں کہ جو کھاتے پیتے وقت خداوند کے بدن کو نہ پہچانے وہ اس کھانے پینے سے سزا پائے گا"پس آدمی اپنے آپ کو آزمالے اور اِسی طرح اُس روٹی میں سے کھائے اور اُس پیالے میں سے پیئے۔ کیوں کہ جو کھاتے پیتے وقت خداوند کے بدن کو نہ پہچانے وہ اُس کھانے پینے سے سزا پائے گا۔﴿1 کرنتھیوں 11:28-29﴾

پہلی بات تو یہاں پر واضح ہے کہ اگر ہم اپنے بھائی کو غیرقوم یا محصول لینے والے کے برابر جانیں تو پھر ہم اُسے خداوند کی میز میں شمولیت کی اجازت نہیں دے سکتے۔

دوسری بات یہ کہ خدا نہیں چاہتا تھا کہ اُس کے لوگ غیر قوموں کو اپنے اوپر حکمرانی کرنے کی اجازت یا موقع دیں۔

جب تو اُس ملک میں جسے خداوند تیرا خدا تجھ کو دیتا ہے پہنچ جائے اور اُس پر قبضہ کر کے وہاں رہنے اور کہنے لگے کہ اُن قوموں کی طرح جو میرے اردگرد ہیں، میں بھی کسی کو اپنا بادشاہ بناؤں، تو تو بہر حال فقط اُسی کو اپنا بادشاہ بنانا جس کو خداوند تیرا خدا چن لے۔ تو اپنے بھائیوں میں سے ہی کسی کو اپنا بادشاہ بنانا اور پردیسی جو تیرا بھائی نہیں اُسے اپنے اوپر حاکم نہ کر لینا۔'' ﴿استثنا 17:14-15﴾

عہد جدید میں خدا کا بندہ ططس ہمیں کلیسیا میں نگہبان کے عہدہ رکھنے والے شخص کے اوصاف سے آگاہ کرتا ہے۔ اُن میں سے ایک خوبی یہ ہے کہ وہ ''بے الزام ہو''

''شہر بہ شہر ایسے بزرگوں کو مقرر کرے جو بے الزام اور ایک ایک بیوی کے شوہر ہوں اور اُن کے بچے ایماندار اور بد چلنی اور سرکشی کے الزام سے پاک ہوں۔''

﴿ططس 1:6﴾

ایک بات تو یہاں پر بالکل واضح ہے کہ جس بھائی نے کلیسیا کی سننے سے انکار کر دیا ہے اُسے کلیسیائی عہدے سے ہٹا دینا چاہئے۔ عزرا کی کتاب میں اِس حوالہ پر بھی غور کریں۔

''جب یہوداہ اور بنیمین کے دشمنوں نے سنا کہ وہ جو اسیر ہوئے تھے خداوند اسرائیل کے خدا کے لئے ہیکل کو بنا رہے ہیں۔ تو وہ زُربابل اور آبائی خاندانوں کے سرداروں کے

پاس آ کر اُن سے کہنے لگے کہ ہم کو بھی اپنے ساتھ بنانے دو کیوں کہ ہم بھی تمہارے خدا کے طالب ہیں جیسے تم ہو اور ہم شاہ اسور اسرحدون کے دنوں سے جو ہم کو یہاں لایا اُس کے لئے قربانی چڑھاتے ہیں۔'' ﴿عزرا 4:1-3﴾

یشوع اور زُربابل اِس بات پر ایمان رکھتے تھے کہ خدا کی بادشاہی کی وسعت خدا کے لوگوں کی ذمہ داری ہے، غیر قوموں کا اِس میں کوئی حصہ نہیں ہے۔ مقدس پولس رسول عہدِ جدید میں اِس بات کی تصدیق کرتا ہے۔

''بے ایمانوں کے ساتھ ناہموار جوئے میں نہ جتو کیوں کہ راستبازی اور بے دینی میں کیا میل جول؟ یا روشنی اور تاریکی میں کیا شراکت؟ مسیح کو بلعیال کے ساتھ کیا موافقت؟ یا ایماندار کو بے ایمان سے کیا واسطہ؟'' ﴿2 کرنتھیوں 6:14-15﴾

جب ہم ایک بھائی کو غیر قوم کے برابر سمجھتے ہیں تو پھر اِس اصول کا اطلاق بھی ہوتا ہے۔ ایسا بھائی خدا کی بادشاہت میں حصہ دار نہیں ہو سکتا۔ جب تک وہ بھائی توبہ کر کے بحال نہیں ہو جاتا، لازم ہے کہ اُس وقت تک کلیسیائی عہدے یا ذمہ داری پر مامور نہ رہے۔ اُن عملی نتائج کے علاوہ بھی کچھ ایسے نتائج و اثرات ہیں جن کا ہمارے گناہ میں گرے ہوئے بھائی کو سامنا کرنا پڑ سکتا ہے۔ ذیل میں بیان کردہ نتائج خداوند کی میز میں شرکت نہ کر سکنا، کلیسیائی عہدے سے ہٹایا جانے سے بھی کہیں مضر اور بھیانک ہیں۔ خداوند کا کلام ہمیں بتاتا ہے کہ اگر ہم گناہ سے باز نہیں آتے تو مختلف طریقوں سے خدا کے ساتھ ہماری رفاقت میں رکاوٹیں حائل ہونا شروع ہو جاتی ہیں۔

''اَے شوہرو! تم بھی بیویوں کے ساتھ عقلمندی سے بسر کرو اور عورت کو نازک ظرف جان کر اُس کی عزت کرو اور یوں سمجھو کہ ہم دونوں زندگی کی نعمت کے وارث ہیں۔ تاکہ تمہاری دُعائیں رک نہ جائیں۔'' ﴿1 پطرس 3-7﴾

اگر بیویوں کے ساتھ عقلمندی سے بسر نہ کرنے اور انہیں نازک ظرف جان کر اُن کی عزت نہ کرنے سے ہماری دُعاؤں میں رکاوٹ پیدا ہوسکتی ہے۔ تو پھر وہ سنگ دل شخص دُعا میں کس قدر زیادہ رکاوٹ کا باعث ہوسکتا ہے جس نے کلیسیا کی سننے سے بھی انکار کردیا ہے؟ خدا کبھی بھی اُس شخص کی دُعا کا جواب نہیں دے گا جس نے کلیسیا کی سننے سے انکار کرتے ہوئے اپنے گناہ سے توبہ کرنے سے انکار کردیا ہو۔ خداوند یسوع مسیح متی کی انجیل میں اپنے سامعین کو بتاتے ہیں کہ خدا ایسے شخص کی عبادت و پرستش کو قبول نہیں کرے گا جو صلح کا طالب نہیں ہے۔

''پس اگر تو قربان گاہ پر اپنی نذر گزرانتا ہو اور وہاں تجھے یاد آئے کہ میرے بھائی کو مجھ سے کچھ شکایت ہے تو وہیں قربان گاہ کے آگے اپنی نذر چھوڑ دے اور جا کر پہلے اپنے بھائی سے ملاپ کر تب آکر اپنی نذر گزران۔ جب تک تو اپنے مدعی کے ساتھ راہ میں ہے اُس سے جلد صلح کرلے۔ کہیں ایسا نہ ہو کہ مدعی تجھے منصف کے حوالہ کردے اور منصف تجھے سپاہی کے حوالہ کردے اور تو قید خانہ میں ڈالا جائے۔''

﴿متی 5:23-25﴾

کیا آپ نے کبھی ایسا محسوس کیا ہے کہ جیسے آپ کا خدا سے رابطہ ہی نہیں ہو پا

رہا؟ ایمانداروں کے لئے اِس سے بڑھ کر بُری اور بھیانک بات کیا ہوسکتی ہے کہ خدا ہم سے اُس وقت منہ پھیر لے اور ہماری طرف پشت کر دے جب ہم اُس کی پرستش و عبادت کے لئے اُس کی حضوری میں آئیں۔ جب ہم گناہ کو ترک نہیں کرتے، آسمانی باپ کے ساتھ ہماری رفاقت ٹوٹ جاتی ہے۔ کلامِ مقدس بتاتا ہے کہ خدا ہمارے کام کے معیار کو پرکھے گا۔

''اور اگر کوئی اُس نیو پر سونا یا چاندی یا بیش قیمت پتھروں یا لکڑی یا گھاس یا بھوسے کا ردا رکھے تو اُس کا کام ظاہر ہو جائے گا کیوں کہ جو دن آگ کے ساتھ ظاہر ہوگا وہ اُس کام کو بتا دے گا اور وہ آگ خود ہر ایک کا کام آزمالے گی کہ کیسا ہے۔ جس کا کام اُس پر بنا رہے گا وہ اجر پائے گا۔'' ﴿1 کرنتھیوں 3:12-14﴾

اِس کا مطلب ہے کہ ہمیں خدا کے حضور اپنے کاموں کے لئے جواب دہ ہونا پڑے گا۔ یہ کوئی ایسا معاملہ نہیں جسے ہم بڑا معمولی سمجھ لیں۔ جب ہم روزِ عدالت خدا کے حضور کھڑے ہونگے تو پھر ہمیں احساس ہوگا کہ ہم نے کس طرح گناہ اور بغاوت کی حالت میں اپنی زندگیوں کو ضائع کر دیا۔ اور پھر ہمیں بڑے بھیانک اور تباہ کن نتائج کا سامنا کرنا پڑے گا۔ اگرچہ ہماری نجات تو یقینی ہے، تو بھی ہم اپنا اجر کھو دیں گے۔

وہ بھائی یا بہن جو توبہ کرنے سے انکار کرتا ہے اور گناہ میں زندگی بسر کرنے کو ہی ترجیح دیتا ہے، اُسے صرف خدمت سے نہیں ہٹایا جاتا بلکہ وہ دیکھے گا کہ خدا بھی اُس کی دُعاؤں کو نہیں سنے گا۔ خدا اُس کی پرستش و عبادت کو قبول نہیں کرے گا اور بالآخر اُس کے کاموں

کے موافق اُس کی عدالت کرے گا۔ خدا کے نزدیک یہ بڑے سنجیدہ معاملات ہیں اور اِن کے نتائج بھی عارضی نہیں بلکہ ابدی ہیں۔

چند غور طلب باتیں

☆۔کس طرح ایک غیر توبہ یافتہ بھائی یا بہن کو محصول لینے والے یا غیر قوم کے برابر سمجھا جا سکتا ہے؟

☆۔خداوند یسوع مسیح نے اپنے دور کے غیر قوم لوگوں اور محصول لینے والوں کے ساتھ کیسا روّیہ اختیار کیا؟

☆۔خداوند کس طرح سے توقع کرتا ہے کہ آپ گناہ میں گرے ہوئے اپنے بھائی یا بہن سے سلوک کریں؟

☆۔آپ کی کلیسیا نے گرے ہوؤں کے تعلق سے کیسا روّیہ اختیار کیا؟

☆۔کلیسیا کی بات نہ سننے کے بارے میں کون سے بائبلی نتائج کا سامنا کرنا پڑتا ہے؟

چند دُعائیہ نکات

☆۔خداوند سے اُس وقت کے لئے معافی مانگیں جب آپ نے اپنے گرے ہوئے بھائی کو محصول لینے والے یا غیر قوم سے بھی بدتر جانا۔

☆۔خداوند سے فضل مانگیں کہ آپ اپنے بھائی سے اِس طور سے محبت کر سکیں جس طور سے وہ تقاضا کرتا ہے۔

☆۔گرے ہوؤں کے لئے ترس اور معافی کی مثال کے لئے خدا کا شکر ادا کریں۔

☆۔خداوند سے درخواست کریں کہ وہ گرے ہوؤں کے لئے آپ کی کلیسیا کو اپنے جیسا روّیہ رکھنے کی توفیق دے۔

باب 8

اگر کوئی بھی حل نہ نکلے

پس ہم اِس نتیجہ پر پہنچے ہیں کہ اب تک گذشتہ مطالعہ سے جو کچھ سیکھا ہے، اُس میں توازن پیدا کرنے کی ضرورت ہے۔ مجھے اِس بات کا اعتماد ہے کہ میں نے اِس بات کی اہمیت کو آپ پر واضح کر دیا ہے کہ گناہ میں زندگی بسر کرنے والے بھائی کا کس طرح تعاقب کرنا چاہیئے۔ ہم معاملہ کو سلجھانے اور اپنے بھائی کی رفاقت اور بحالی کے لئے ممکنہ طور پر جو کچھ بھی کر سکتے ہیں کرنا چاہیئے۔

کیوں کہ متی 18:15-17 میں خداوند یسوع مسیح کی تعلیم کا مقصد بحالی ہے۔ اِس بات کو بیان کرنے کے بعد کہ ہمیں مسئلہ کے حل کے لئے ہر ممکنہ کوشش کرنی چاہیئے، ہمیں اِس بات کو بھی سمجھنا چاہیئے کہ تمام مسائل نہیں سلجھیں گے۔ سب کچھ درست طور پر کرنے کے باوجود بعض اوقات مسئلہ وہیں کا وہیں رہتا ہے۔ مقدس پولس رسول اِس بات کو اچھی طرح سمجھتے تھے جب اُنہوں نے رومیوں کے خط میں کہا، ''جہاں تک ہو سکے تم اپنی طرف سے سب آدمیوں کے ساتھ میل ملاپ رکھو''۔ ﴿رومیوں 12:18﴾

اِس بات پر غور کریں کہ مقدس پولس رسول یہاں پر کیا کہہ رہے ہیں۔ ''جہاں تک ممکن ہو۔'' اور پھر'' تم اپنی طرف سے'' پولس رسول گویا یہ کہہ رہے ہیں کہ ہر کسی کے ساتھ ہر وقت صلح اور اچھے طریقے سے رہنا ممکن نہیں ہوگا۔ کچھ ایسے لوگ بھی ہونگے جو ہمارے

اچھی کاوشوں میں مزاحم ہونگے اور ہمارے بارے میں اچھے خیالات نہ رکھتے ہوئے ہمارے خلاف بُری باتیں کہیں گے۔ یسوع کے بھی کئی ایک دشمن تھے۔ اُنھوں نے اُس سے نفرت اور عداوت رکھتے ہوئے اُسے مصلوب کر دیا۔ اُن کے ساتھ جو مسئلہ تھا اُس کا کوئی حل نہ نکلا، پس ہمیں بھی ایسی صورتحال کا سامنا ہوسکتا ہے۔

وہ لوگ جو مسیح سے نفرت کرتے ہیں تا ابد تک مسیح سے جدا ہو جائیں گے، اُن کی بحالی کے لئے کوئی اُمید نہ رہے گی اور نہ ہی کسی طور سے میل ملاپ کا کوئی موقع اُنہیں میسر ہوگا۔ ہمیں اِس سے تعجب نہیں ہونا چاہیئے۔ ہماری زندگی میں بھی ایسے لوگ آئیں گے جن کے ساتھ ہم اپنے اختلافات کا ازالہ نہیں کر پائیں گے۔ کلیسیائی نظم و ضبط ہمیشہ ہی ہمارے مسائل کا حل پیش نہیں کرتا۔ جب ہم اپنے بھائی یا کسی بہن کے درمیان کسی اختلاف، مسئلہ یا مشکل کا حل تلاش نہ کر پائیں تو پھر ہمیں کیا کرنا چاہیئے؟

محبت

حزقی ایل کی کتاب میں خدا شعیر (عیسو کی اولاد) کے لوگوں سے خفا تھا کیوں کہ انہوں نے پرانی دشمنی اور عداوت کے تحت بنی اسرئیل کو تلوار کے حوالہ کر دیا تھا۔

"اور اُس سے کہہ خداوند یوں فرماتا ہے کہ دیکھ اَے کوہ شعیر میں تیرا مخالف ہوں اور تجھ پر اپنا ہاتھ چلاؤں گا اور تجھے ویران اور بے چراغ کروں گا اور میں تیرے شہروں کو اجاڑوں گا اور تو ویران ہوگا اور جانے گا کہ خداوند میں ہوں، چونکہ تو قدیم سے عداوت رکھتا ہے اور تو نے بنی اسرائیل کو اُن کی مصیبت کے دن اُن کی بدکرداری کے آخر میں

تلوار کی دھار کے حوالہ کیا۔ اِس لئے خداوند فرماتا ہے کہ مجھے اپنی حیات کی قسم میں تجھے خون کے لئے حوالہ کروں گا اور خون تجھے رگیدے گا۔ چونکہ تو نے خونریزی سے نفرت نہ رکھی۔ اِس لئے خون تیرا پیچھا کرے گا۔ ''﴿حزقی ایل 35:3-6﴾

اِس قدیمی عداوت کا حوالہ اِن دو قوموں کے آباؤ اجداد سے ملتا ہے یعنی یعقوب اور عیسو۔ یعقوب نے پہلوٹھے کا حق اور باپ سے اپنے بھائی عیسو کی برکات کو چرا لیا۔ عیسو نے قسم کھا کر کہا کہ وہ اپنے بھائی یعقوب کو قتل کر ڈالے گا۔ یہ تلخ مزاجی باپ سے بیٹوں میں منتقل ہوئی، یوں عیسو کی تمام اولاد بنی اسرائیل سے نفرت کرنے لگی اور اُنہوں نے اُسے دشمن کے حوالہ کر دیا۔ خدا غضبناک ہوا کیوں کہ اُنہوں نے خدا کے لوگوں کے خلاف عداوت اور دشمنی کو دل میں رکھتے ہوئے یہ حرکت کی تھی۔

اپنے اور اپنے بھائی کے درمیان کوئی غیر حل شدہ مسئلہ یا الجھن رکھنا ایک بات ہے، جبکہ غصے اور قہر و غضب اور طیش میں آ کر کوئی کام کرنا ایک الگ بات ہے۔ خداوند نے ہمیں سکھایا ہے کہ ہم اپنے دشمنوں سے محبت رکھیں اور اُن سے بھی بھلائی اور نیکی کرتے رہیں۔

''لیکن میں تم سے یہ کہتا ہوں کہ اپنے دشمنوں سے محبت رکھو اور اپنے ستانے والوں کے لئے دُعا کرو تا کہ تم اپنے باپ کے جو آسمان پر ہے بیٹے ٹھہرو کیوں کہ وہ اپنے سورج کو بدوں اور نیکوں دونوں پر چمکاتا ہے۔ اور راستبازوں اور ناراستوں دونوں پر مینہ برساتا ہے۔''﴿متی 5:44-45﴾

اگر آپ کو اپنے بھائی کے ساتھ درپیش مسئلہ کا حل نہ بھی ملے تو بھی آپ اُس سے محبت کر سکتے ہیں اور اُس کی بہتری اور ترقی کے لئے ہر ممکنہ وسائل کو بروئے کار لا سکتے ہیں۔ایسا کرنے کا ہرگز یہ مطلب نہیں کہ آپ اُس کے کئے گئے غلط کام یا روّیہ کی حمایت کرر ہے ہیں۔یہ ممکن ہے کہ آپ اُس کے اعمال وافعال کے ساتھ ہرگز متفق نہ ہوتو بھی آپ اُس سے محبت کر سکتے ہیں۔کچھ ایسے اوقات بھی ہونگے جب ہمیں معاملہ سے دستبردار ہو جانا ہوگا۔آئیں دیکھیں کہ امثال کا مصنف کیا کہتا ہے۔

''جھگڑے کا شروع پانی کے پھوٹ نکلنے کی مانند ہے۔اِس لئے لڑائی سے پہلے جھگڑے کو چھوڑ دو۔''﴿امثال 14:17﴾

جب ہم حکمت کی کمی کے سبب سے نہیں جانتے کہ ہم نے کب معاملہ سے دستبردار ہونا ہے تو پھر اور کئی طرح کے مسائل اور مشکلات سر اٹھانے لگتی ہیں۔اور ہمارے اور بھائی یا بہن کے درمیان صورتحال اور بھی بدترین ہوتی چلی جاتی ہے۔

مذکورہ حوالہ ہمیں یہ تعلیم دیتا ہے کہ جھگڑے کے شروع ہونے سے پہلے ہم معاملہ سے دستبردار ہوجائیں کوہ شعیر کے لوگوں کا بھی یہی مسئلہ تھا۔اُنہیں بھی معلوم نہیں تھا کب اُنھوں نے معاملہ سے دستبردار ہونا ہے اور پھر اِس کا نتیجہ یہ نکلا کہ تمام قوموں نے قہر و غصب اور طیش میں آکر ایک ایسا کام کیا جو خدا کے قہر وغضب کا باعث بنا۔

مقدس پولس رسول نے جب والدین کو لکھا تو اُنہیں یہ مشورت دی۔

''اور اَے اولاد والو! تم اپنے فرزندوں کو غصہ نہ دلاؤ بلکہ خداوند کی طرف سے تربیت اور

نصیحت دے دے کر اُن کی پرورش کرو۔" ﴿افسیوں 6:4﴾

پولس اِس صورتحال کو بیان کر رہے ہیں جب ایک باپ کو اپنے بیٹے کے تعلق سے تلخ مزاجی اور کڑواہٹ محسوس ہوتی ہے۔ جب ہم اپنے قول و فعل سے کسی کو غصہ دلاتے ہیں تو دراصل ہم اُس کے اندر ایسا روّیہ پیدا کرتے ہیں جو ہم پر برہم ہوتا ہے۔ باپ اُسے اِس حد تک غصہ دلاتا ہے اور دلاتا ہی رہتا ہے کہ بالاخر بیٹا بھی اُس روّیے سے عاجز اور تنگ آجاتا ہے۔ مسیح میں اپنے کسی بھائی یا بہن کے ساتھ بھی ایسا ہی روّیہ اپنانا کس قدر آسان ہوتا ہے۔ ہم اُن کے گناہ کے بارے میں بات چیت کرنا جاری رکھتے ہیں اور جب کبھی اُن کی ملاقات ہم سے ہوتی ہے، ہم اُنہیں اُن کے اعمال و افعال یاد دلاتے رہتے ہیں۔ ایسا کرنے سے ہم اُنہیں غصہ دلاتے ہیں۔ ہمیں حکم دیا گیا ہے کہ ہم ہرگز نہ کریں۔ واعظ کا مصنف ہمیں دانشمندی پر مبنی ایک مشورت دیتا ہے۔

"چپ رہنے کا ایک وقت ہے اور بولنے کا ایک وقت ہے۔" ﴿واعظ 3:7﴾

جب کسی معاملہ کا پیچھا ہی نہ چھوڑا جائے اور ہماری مسلسل کاوشیں ہمارے بھائی کو مزید کسی گناہ میں مبتلا کرنے کا باعث ہو تو پھر اِس مقام پر خاموش ہو جانا چاہئے نا کہ ہم ڈھٹائی سے آگے ہی آگے بڑھتے چلے جائیں یہاں تک کہ صورتحال اور بھی بدترین حد تک خراب ہو جائے۔ عاموس کی کتاب بُرے وقتوں میں خاموشی اختیار کرنے کی حکمت کے بارے میں بات کرتی ہے۔

"کیوں کہ میں تمہاری بے شمار خطاؤں اور تمہارے بڑے بڑے گناہوں سے آگاہ

ہوں۔تم صادقوں کو ستاتے اور رشوت لیتے ہو اور پھاٹک میں مسکینوں کی حق تلفی کرتے ہو۔اِس لئے اُن ایام میں بینش بین خاموش ہو رہیں گے کیوں کہ یہ بُرا وقت ہے۔''

﴿عاموس 5:12-13﴾

غور کریں کہ عاموس یہاں پر ہوشیار لوگوں کے بارے میں بات کرتا ہے کہ وہ خاموش ہو رہیں گے کیوں کہ وقت بُرا ہے۔عاموس اُن حکمرانوں کی بات کرتا ہے جو راستبازوں پر ظلم کرتے اور مسکینوں کی حق تلفی کرتے ہیں۔اُن برے وقتوں میں جب اگر راستباز بولتے،تو کوئی اُن کی بات پر کان ہی نہ دھرتا۔امکانِ غالب ہے کہ ایسا کرنے پر اُن پر الزامات کی بوچھاڑ ہو جاتی اور اُنہیں رد کر دیا جاتا۔

کسی بھی بڑی برائی سے بچنے کے پیشِ نظر، دانش مند کو یہی کہا گیا کہ وہ خاموش رہتے ہوئے معاملہ خدا کے ہاتھوں میں دے دے۔کسی معاملہ پر انصاف اور ستبازی کے طالب ہونے کا ایک وقت ہے اور پھر خدا کے ہاتھوں میں معاملہ دینے کا بھی ایک وقت ہے۔کہیں ایسا نہ ہو کہ ہم اپنے بھائی کو غصہ دلا کر اُسے کسی اور بڑے گناہ میں پھنسانے کا سبب ہوں۔

خدا کے بندہ یسعیاہ نبی نے پیشنگوئی کی کہ مسیح کو دُکھ دیا جائے گا اور اُسے ستایا بھی جائے تو بھی وہ اپنا منہ نہیں کھولے گا کہ اپنے الزام لگانے والوں کے خلاف کچھ کہے۔اِس کے برعکس اُس نے انتقام لینے کا سارا معاملہ اپنے آسمانی باپ کے ہاتھوں میں دے دیا۔

''وہ ستایا گیا تو بھی اُس نے برداشت کی اور منہ نہ کھولا۔جس طرح برہ جسے ذبح کرنے

کو لے جاتے ہیں اور جس طرح بھیڑ اپنے بال کترنے والوں کے سامنے بے زبان ہے اُسی طرح وہ خاموش رہا۔'' ﴿یسعیاہ 7:53﴾

خداوند یسوع مسیح نے اُن لوگوں کی برائی کے پیش نظر اپنا دفاع بالکل نہ کیا جنھوں نے اُسے مارا کوٹا اور مصلوب کر دیا۔ اُس نے اِس بات پر ایمان رکھا اور آسمانی باپ پر بھروسہ رکھا کہ وہ جو کچھ بھی اُس کے ساتھ ہو رہا ہے، نیکی اور بھلائی کے لئے استعمال کرنے کی قدرت رکھتا ہے۔ اور باپ نے بالکل ایسا ہی کیا۔ خداوند یسوع مسیح کو بدکار لوگوں کی بے انصافی اور زیادتی کے باعث مصلوب کیا گیا لیکن اُن کی موت اُس کے لوگوں کی نجات کا سبب بنی۔ یوسف کو بطور غلام فروخت کر دیا گیا اور وہ اُسے ملک مصر کو لے گئے۔ جہاں اُسے ایک غیر قوم کی بطور غلام

خدمت کرنا تھی۔ حسد میں آکر اُس کے بھائیوں نے سفر کرتے ہوئے تاجروں کے ہاتھوں اُسے بیچ دیا۔ اُس کے بھائیوں نے تو یوسف کے خلاف گناہ کیا اور اُن کا منصوبہ برائی پر مبنی تھا لیکن خدا نے اُسی برائی کو ایک بھلائی کے لئے استعمال کیا۔ یوسف غلامی کے ملک میں ایک زبردست حکمران بنا۔ خدا نے اُسے استعمال کیا کہ وہ قحط کے بدترین سالوں میں اپنے ہی لوگوں کی خدمت کر سکے۔

ہم ہر ایک جنگ تو نہیں جیت پائیں گے۔ کسی بھائی نے مجھے ایک دن کچھ مشورت دی جو میں کبھی نہ بھلا سکا۔ اپنے خاندان میں کسی صورتحال سے دوچار اُس نے مجھ سے کہا، وین، جب تک میں ہار نہ گیا میں جنگ لڑتا رہا اور پھر مجھے اِس بات کا احساس ہوا کہ مجھے

اس کے متعلق ماہر جنگجو بننے کی ضرورت ہے۔ اس کی نصیحت و مشورت بڑی دانشمندی پر مبنی ہے۔

بطور ایماندار ہم تکلیف دہ حد تک شکست خوردہ ہو سکتے ہیں۔ جبکہ ہمیں اپنی کسی بہن یا بھائی کے درمیان معاملہ کو سلجھانے کے لئے ہر ممکن کوشش کرنی ہے۔ لیکن جب ہماری کاوشیں رنگ نہ لائیں تو پھر ہمیں معاملہ خدا کے ہاتھوں میں دے کر اپنے بھائی سے محبت کرنے کا عمل جاری رکھنا ہے۔ اِس صورت میں آپ خدا پر بھروسہ رکھیں کہ وہ ساری چیزوں اور صورتحال سے بھلائی پیدا کرے گا۔

ماضی کو بھول کر آگے بڑھیں یسعیاہ کی کتاب میں سے ایک آخری چیلنج کے ساتھ میں ختم کرنا چاہوں گا۔

"یعنی خداوند یوں فرماتا ہے کہ پچھلی باتوں کو یاد نہ کرو اور قدیم باتوں پر سوچتے نہ رہو۔ دیکھو میں ایک نیا کام کروں گا۔ اب وہ ظہور میں آئے گا کیا تم اِس سے ناواقف رہو گے۔ ہاں میں بیابان میں ایک راہ اور صحرا میں ندیاں جاری کروں گا۔" ﴿یسعیاہ 43: 18-19﴾

تقریباً ہم سب کی ایسے لوگوں سے ضرور ملاقات ہوئی ہوگی جو ماضی یا گزرے دنوں کی یادوں کو بھلانے میں کامیاب نہیں ہو پاتے۔ کسی نے کسی وقت اُن پر کوئی ظلم کیا، اُنہیں دُکھ دیا، برسوں گزر جانے کے بعد بھی وہ اُس دکھ کو بھلا نہ پائے۔ ایسے لوگ اب بھی توقع کرتے ہیں کہ اُن کا قصوروار پہنچائے گئے دُکھ درد کے لئے ہرجانہ ادا کرے۔ یا

بالفاظ دیگر قصوروار شخص اپنے قول وفعل کی تلافی ہر جانے کی صورت میں کرے۔ ماضی میں زندگی بسر کرتے رہنا اور گزشتہ یادوں میں اُلجھے رہنا بہت آسان ہے لیکن خدا نے ہمیں بلایا ہے کہ ہم وہ سب کچھ بھول جائے جواب ماضی کا حصہ بن چکا ہے۔ اب ہمیں اُن نئے کاموں اور چیزوں کو دیکھنا ہے جو خدا نے ہمارے لئے تیار کی ہیں۔ اُن کاموں پر توجہ دیں جو وہ ہم سے کرنے کی توقع کرتا ہے۔

ہم ماضی سے اِس قدر مضبوط بندھن میں بندھ جاتے ہیں کہ ہم موجود وقت کی برکات سے بھی لطف اندوز نہیں ہوتے بلکہ ماضی کی تلخ یادوں سے اپنی روح اور جان کو زخمی کرتے رہتے ہیں۔ کتنی بار ہم نے گزرے دنوں کے مسائل اور الجھنوں میں وقت ضائع کرتے ہوئے اپنے آج کو برباد کیا۔ خدا پر بھروسہ کرنے کی بجائے ہم تلخی اور خفگی میں اپنی زندگی کو ضائع کرتے رہتے ہیں۔ جو کچھ آپ سے بدسلوکی ہوئی ہے آپ اُس میں تو کسی قسم کی تبدیلی نہیں لا سکتے، جو ہو چکا، سو ہو چکا۔ لیکن ایک چیز آپ کے اختیار میں ہے اور وہ یہ کہ آپ اپنے آج کو بہتر ضرور بنا سکتے ہیں اور فیصلہ کر سکتے ہیں کہ آپ نے کس طرح آج کا دن گزارنا ہے۔

خدا ہمیں بلا رہا ہے کہ ہم اپنے ماضی کو بھول جائیں اور اپنے گزشتہ تجربات سے سیکھتے ہوئے مستقبل کے لئے اُس پر بھروسہ کریں۔ خدا ہمیں یہ جاننے اور سمجھنے کی توفیق دے کہ جب ہم سب کچھ کر چکیں تو پھر ہمیں سارا معاملہ، حالات اور واقعات کو خدا کے سپرد کرنا ہے۔ اِس بھروسے اور اُمید کے ساتھ کہ جو کچھ ہم نہ کر پائے خدا خود ہی اِس

سارے معاملے کوسلجھائے گا۔

چند غور طلب باتیں

☆۔کیا ہم ہمیشہ ہی لوگوں کے ساتھ درپیش مسائل اور اُلجھنوں کا حل تلاش کرنے میں کامیاب ہونگے؟

☆کیا آپ کی زندگی میں کچھ ایسے لوگ ہیں جن کے ساتھ آپ کے معاملات ابھی تک الجھاؤ کا شکار رہیں؟

☆۔اپنے بھائی یا بہن کے درمیان الجھے ہوئے معاملہ کے حل کے لئے آپ نے کس طرح کوکوششیں کی ہیں؟

☆۔اِس حقیقت سے آپ کو کیا تسلی ملتی ہے، حتیٰ کہ خداوند یسوع مسیح کی زندگی میں بھی ایسے لوگ موجود تھے جو اُس سے نفرت کرتے اور اُس کے ساتھ کئی معاملات میں اختلافِ رائے رکھتے تھے۔

☆۔آپ کا روّیہ اُن لوگوں سے کیسا رہا ہے جن کے ساتھ آپ کے معاملات الجھے ہوئے ہیں اور ابھی تک کوئی حل نہیں نکل سکا۔کیا آپ نے اُن کے لئے خدا کی محبت، ترس اور رحم کا مظاہرہ کیا ہے؟

☆۔یہ کیوں کر ممکن ہے کہ معاملے کو سلجھانے کی کوشش میں معاملہ اور بھی زیادہ کشیدگی اختیار کر جائے؟

☆ خدا کس طرح سے آپ کے غیر طے شدہ معاملہ کو استعمال کر سکتا ہے؟

☆ الجھے ہوئے معاملات اور مسائل پر خدا نے کس طرح سے آپ کی کانٹ چھانٹ کی ہے؟

☆ کیا آپ پچھلی باتوں کو بھلا کر اُن نئے کاموں کی طرف بڑھ سکتے ہیں جو خدا کر رہا ہے؟

☆ کیا کوئی ایسا خاص مسئلہ ہے جس کو بھول جانا بڑا تکلیف دہ محسوس ہوتا ہے؟

چند دُعائیہ نکات

☆۔خداوند سے اُن لوگوں سے محبت کرنے کا فضل مانگیں جن کے ساتھ ابھی تک بعض معاملات نہیں سلجھ سکے۔

☆۔خداوند سے رہنمائی مانگیں کہ خداوند آپ کو دکھائے کہ آپ اپنے بھائی کی بحالی اور مسئلے کے حل کے لئے مزید کیا کر سکتے ہیں۔خداوند سے پوچھیں کہ آیا وہ یہ چاہتا ہے کہ ہم ہتھیار ڈالتے ہوئے سارا معاملہ اب اُس کے ہاتھوں میں دے دیں۔

☆۔خداوند کا شکر کریں کہ وہ قادرِ مطلق ہے اور ہماری مشکلات کو اپنے بھلے کاموں کے لئے استعمال کرنے کی قدرت رکھتا ہے۔

☆۔خداوند سے ماضی کو بھول کر اُن اچھی اور الٰہی برکات کی طرف پیش قدمی کرنے کا فضل مانگیں جو اُس نے آپ کے لئے تیار کی ہیں۔

لائٹ ٹو مائے پاتھ منسٹری کے زیرِ انتظام کتابوں کی تقسیم

لائٹ ٹو مائے پاتھ منسٹری (ایل ٹی ایم پی) کتابوں کی تصنیف اور تقسیم کی ایک ایسی منسٹری ہے جو کہ

براعظم ایشیا' لاطینی امریکہ اور افریقہ میں ضرورت مند مسیحی کارکنوں تک پہنچ رہی ہے۔ ترقی پذیر ممالک میں بہت سے ایسے مسیحی کارکن بھی ہیں جن کے پاس اتنے وسائل نہیں ہیں کہ وہ بائبل ٹریننگ کے لیے جاسکیں یا اپنی شخصی ترقی اور خدمت کی بڑھوتی اور کلیسیائی ضرورت کے لیے بائبل سٹڈی مواد خرید سکیں۔ زیرِ نظر کتاب کا مصنف ایکشن انٹرنیشنل منسٹریز کا رکن ہے جو کہ پوری دنیا میں ضرورت مند مسیحی کارکنوں اور پاسبانوں کے درمیاں مفت یا قیمتاً کتابوں کی تقسیم کے عزم کے ساتھ کتابیں لکھ رہا ہے۔

آج اِس وقت تیں سے زیادہ ممالک میں ڈیووشنل کمنٹری سیریز اور لائف اِن دی کرائسٹ سیریز میں ہزاروں کتب منادی' سلسلہ تعلیم' بشارتی خدمت اور مقامی ایمانداروں کی روحانی ترقی اور نشوونما کے لیے استعمال کی جارہی ہے۔ اِن سیریز میں یہ کتب ہندی' فرانسیسی' ہسپانوی اور ہیٹین کریول زبانوں میں ترجمہ ہوچکی ہیں۔ جبکہ اُردو زبان میں کتب کے تراجم کا سلسلہ گزشتہ چند سالوں سے جاری ہے۔

ہمارا نصب والعین جہاں تک ممکن ہو زیادہ سے زیادہ ایمانداروں تک اِن کتب کو مہیا کرنا ہے۔

لائٹ ٹو مائے پاتھ منسٹری (ایل ٹی ایم پی) ایک ایسی منسٹری ہے جو ایمان کے سہار
چل رہی ہے اور پوری دنیا میں ایمانداروں کی مضبوطی اور حوصلہ افزائی کے لیے کتب
تراجم اور تقسیم کے پیشِ نظر اپنی مالی ضروریات کے لیے خداوند پر توکل کرتی ہے۔

آپ سے گزارش ہے کہ کتب کے دیگر زبانوں میں تراجم اور تقسیم کے لیے دُعا کریں
شکریہ۔

خداوند آپ کو برکت دے۔